[Wissen für die Praxis]

E-Mail: WALHALLA@WALHALLA.de
http://www.WALHALLA.de

Walhalla Fachverlag · Haus an der Eisernen Brücke · 93042 Regensburg
Telefon 0941 5684-0 · Telefax 0941 5684-111

PSG III – BTHG

Die neue Hilfe zur Pflege im SGB XII

Gesetzesmaterialien und Erläuterungen zum Pflegestärkungsgesetz III und zum Bundesteilhabegesetz

WALHALLA Rechtshilfen

WALHALLA

Bibliografische Information der Deutschen Nationalbibliothek
Die Deutsche Nationalbibliothek verzeichnet diese Publikation in der Deutschen Nationalbibliografie; detaillierte bibliografische Daten sind im Internet über http://dnb.dnb.de abrufbar.

Zitiervorschlag:
PSG III – BTHG: Die neue Hilfe zur Pflege im SGB XII
Walhalla Fachverlag, Regensburg 2017

Hinweis: Unsere Werke sind stets bemüht, Sie nach bestem Wissen zu informieren. Alle Angaben in diesem Buch sind sorgfältig zusammengetragen und geprüft. Durch Neuerungen in der Gesetzgebung, Rechtsprechung sowie durch den Zeitablauf ergeben sich zwangsläufig Änderungen. Bitte haben Sie deshalb Verständnis dafür, dass wir für die Vollständigkeit und Richtigkeit des Inhalts keine Haftung übernehmen.
Bearbeitungsstand: März 2017

Produktion: Walhalla Fachverlag, 93042 Regensburg
Printed in Germany
ISBN 978-3-8029-7560-8

Schnellübersicht

Schnelle Orientierung im neuen Recht 7

Abkürzungen 8

Abgeschlossene Reformen für Pflegebedürftige und Menschen mit Behinderung 9 **1**

Hilfe zur Pflege ab 2017 31 **2**

Überleitung, Übergangsvorschriften 117 **3**

Stichwortverzeichnis 125 **4**

Schnelle Orientierung im neuen Recht

Der Jahreswechsel 2016/2017 ist geprägt von Reformgesetzen, die für Pflegebedürftige und Menschen mit Behinderung von besonderer Bedeutung sind. Sowohl die Pflegestärkungsgesetze als auch das Bundesteilhabegesetz haben zum Ziel, den Leistungszugang und die pflegerische Versorgung weiter zu entwickeln sowie die Teilhabemöglichkeiten der Betroffenen zu verbessern.

Diese Reformen bedeuten für die „Ausführenden", insbesondere für die Mitarbeiter und Mitarbeiterinnen in Beratungsstellen, Pflegestützpunkten, Kranken- bzw. Pflegeversicherungen und – nicht zuletzt bei den Trägern der Sozialhilfe – viel Informations- und Umstellungsbedarf.

Diese Arbeitshilfe soll helfen, sich schnell mit dem neuen Recht vertraut zu machen. Eingearbeitet sind die Neuerungen, die am 1. Januar 2017 in Kraft traten bzw. die im Laufe von 2017 und am 1. Januar 2018 in Kraft treten werden.

In Kapitel 1 finden Sie eine Übersicht zu den wichtigsten Neuerungen durch das

- Pflegestärkungsgesetz II
- Pflegestärkungsgesetz III
- Bundesteilhabegesetz

Das Kapitel 2 enthält eine Kommentierung des neu strukturierten Siebten Kapitels „Hilfe zur Pflege" im Zwölften Buch Sozialgesetzbuch (SGB XII) basierend auf den vorliegenden Gesetzesmaterialien. Eingearbeitet sind dort auch die Änderungen der „Hilfen in anderen Lebenslagen" sowie die Leistungsverbesserungen bei der Einkommens- und Vermögensanrechnung soweit sie die Hilfe zur Pflege betreffen.

Kapitel 3 stellt die Überleitungs- und Übergangsvorschriften dar.

Wir hoffen, dass dieser Fachratgeber Sie als gute Orientierungshilfe im neuen Recht begleitet.

Ihr Walhalla Fachverlag

Abkürzungen

a. F.	alte Fassung
BRi	Richtlinien zum Verfahren der Feststellung der Pflegebedürftigkeit sowie zur pflegefachlichen Konkretisierung der Inhalte des Begutachtungsinstruments nach dem Elften Buch des Sozialgesetzbuches (Begutachtungs-Richtlinien – BRi)
BSG	Bundessozialgericht
BTHG	Gesetz zur Stärkung der Teilhabe und Selbstbestimmung von Menschen mit Behinderungen (Bundesteilhabegesetz)
Drs.	Drucksache
GKV	Gesetzliche Krankenversicherung
MDK	Medizinischer Dienst der Krankenkassen
NBA	Neues Begutachtungsassessment
NBI	Neues Begutachtungsinstrument
n. F.	neue Fassung
PG	Pflegegrad
PNG	Pflege-Neuausrichtungs-Gesetz
PSG II	Zweites Gesetz zur Stärkung der pflegerischen Versorgung und zur Änderung weiterer Vorschriften (Pflegestärkungsgesetz II)
PSG III	Drittes Gesetz zur Stärkung der pflegerischen Versorgung und zur Änderung weiterer Vorschriften (Pflegestärkungsgesetz III)
RBEG	Regelbedarfsermittlungsgesetz
red. Anm.	redaktionelle Anmerkung
SG	Sozialgericht
SGB V	Sozialgesetzbuch – Fünftes Buch (Gesetzliche Krankenversicherung)
SGB IX	Sozialgesetzbuch – Neuntes Buch (Rehabilitation und Teilhabe behinderter Menschen)
SGB XI	Sozialgesetzbuch – Elftes Buch (Soziale Pflegeversicherung)
SGB XII	Sozialgesetzbuch – Zwölftes Buch (Sozialhilfe)

Abgeschlossene Reformen für Pflegebedürftige und Menschen mit Behinderung

Reformpaket für Pflegebedürftige und Menschen mit Behinderungen 10

Pflegestärkungsgesetz II 10

Pflegestärkungsgesetz III 17

Bundesteilhabegesetz 22

Inkrafttreten der Neuerungen zum 1.1.2017, 1.4.2017, 1.7.2017 25

Inkrafttreten der Neuerungen zum 1.1.2018 28

Inkrafttreten der Neuerungen zum 1.1.2020, 1.1.2023 29

Reformpaket für Pflegebedürftige und Menschen mit Behinderungen

Ende des Jahres 2016 wurde das Gesetzgebungsverfahren zum Bundesteilhabegesetz (BTHG) und zum Pflegestärkungsgesetz III (PSG III) abgeschlossen. Zudem trat am 1. Januar 2017 das Pflegestärkungsgesetz II (PSG II) vollumfänglich in Kraft. Die Regebedarfe wurden mit Änderungen des Regelbedarfsermittlungsgesetzes erhöht; zudem führt dieses Änderungsgesetz (Gesetz zur Ermittlung von Regelbedarfen sowie zur Änderung des Zweiten und des Zwölften Buches Sozialgesetzbuch) bei den Kosten der Unterkunft und der Grundsicherung zu Modifikationen.

Alle diese Reform- bzw. Änderungsgesetze haben Auswirkungen auf Leistungen – auch in Form von Hilfe zur Pflege – für Pflegebedürftige und damit auch Menschen mit Behinderungen. Im Folgenden werden die Kerninhalte dieser Gesetze vorgestellt.

Pflegestärkungsgesetz II

Nach elf Jahren, zwei Expertenbeiräten, zwei Modellprojekten, drei Bundesregierungen und der Vorgänger-Reformen (PNG und PSG I) ist es mit Wirkung ab 1. Januar 2017 nun tatsächlich soweit: Das Elfte Buch Sozialgesetzbuch (SGB XI), das die Regelungen zur sozialen Pflegeversicherung beinhaltet, wurde mit dem „Zweiten Gesetz zur Stärkung der pflegerischen Versorgung und zur Änderung weiterer Vorschriften (Pflegestärkungsgesetz II – PSG II) umfassend reformiert.

Insbesondere die Pflegewissenschaft kritisierte den bestehenden Pflegebedürftigkeitsbegriff seit Schaffung des SGB XI im Jahr 1993 als zu defizitorientiert und verrichtungsbezogen. Mit den „vorgeschalteten" Reformgesetzen wurden bereits einige „Schieflagen" mithilfe von Übergangsregelungen beseitigt. Mit den seit 1. Januar 2017 geltenden Neuerungen durch das Pflegestärkungsgesetz II wird den pflegewissenschaftlichen Erkenntnissen und von einem Expertenbeirat entwickelten Konzepten gefolgt und der neue Pflegebedürftigkeitsbegriff sowie damit einhergehend die neue Begutachtungsmethode und Einstufung in fünf Pflegegrade in das SGB XI implementiert und der Paradigmenwechsel im Recht der sozialen Pflegeversicherung vollzogen.

Der neue Pflegebedürftigkeitsbegriff ist in der sozialen Pflegeversicherung damit wie folgt definiert:

- Pflegebedürftig sind Personen, die gesundheitlich bedingte Beeinträchtigungen der Selbständigkeit und Fähigkeiten aufweisen und deshalb der Hilfe durch andere bedürfen.
- Es muss sich um Personen handeln, die körperliche, kognitive oder psychische Belastungen oder gesundheitlich bedingte Belastungen oder Anforderungen nicht selbständig kompensieren oder bewältigen können.
- Die Pflegebedürftigkeit muss auf Dauer, voraussichtlich für mindestens 6 Monate bestehen.

Durch den neuen Pflegebedürftigkeitsbegriff ändert sich also der Maßstab zur Bewertung der Pflegebedürftigkeit:

- Gleichbehandlung aller Pflegebedürftigen durch Orientierung am Grad der Selbständigkeit und Fähigkeiten
- Gleichstellung von Pflegebedürftigen mit kognitiven Erkrankungen und psychischen Störungen mit körperlich Beeinträchtigten

Die Begutachtung verläuft nicht mehr wie bisher durch Messung des Zeitaufwandes für Verrichtungen im Ablauf des täglichen Lebens („Minutenzählerei“), sondern folgt der neuen Definition und fokussiert sich auf das, was der Betroffene noch kann.

Maßgeblich für die Begutachtung ist die Schwere der Beeinträchtigung der Selbständigkeit bzw. der Fähigkeit, bestimmte Dinge selbst zu erledigen.

Selbständigkeit: Definition und Abstufungen
Selbständig Die Person ist fähig, eine Handlung oder Aktivität allein, d. h. ohne Unterstützung einer anderen Person durchführen.

Selbständig ist auch, wer eine Handlung unter Nutzung von Hilfsmitteln durchführen kann (z. B. Bewegen in der Wohnung mithilfe eines Rollators).

Überwiegend selbständig

Die Person kann den größten Teil der Aktivität selbständig durchführen. Es entsteht nur geringer/mäßiger Aufwand für die Pflegeperson.

Überwiegend unselbständig

- Die Person kann die Aktivität nur zu einem geringen Anteil selbständig durchführen.
- Es sind aber Ressourcen vorhanden, so dass sie sich beteiligen kann.
- Dies setzt ggf. ständige Anleitung oder aufwändige Motivation auch während der Aktivität voraus oder Teilschritte der Handlung müssen übernommen werden.
- Zurechtlegen und Richten von Gegenständen, wiederholte Aufforderungen oder punktuelle Unterstützungen reichen nicht aus.

Unselbständig

- Die Person kann die Aktivität in der Regel nicht selbständig durchführen bzw. steuern, auch nicht in Teilen.
- Es sind kaum oder keine Ressourcen vorhanden. Motivation, Anleitung, ständige Beaufsichtigung reichen auf keinen Fall aus.
- Die Pflegeperson muss alle oder nahezu alle Teilhandlungen anstelle der betroffenen Person durchführen.
- Eine minimale Beteiligung ist nicht zu berücksichtigen (z. B. wenn sich die Person nicht durchgehend und nur mit kleinen Teilhandlungen beteiligt).

Zur Einstufung wurden ein neues Begutachtungsinstrument entwickelt, das „Neue Begutachtungsassessment (NBA)", dessen Grundsätze in § 15 SGB XI und den dazugehörigen Anlagen 1 und 2 zu finden sind.

Dieses neue Instrument zur Begutachtung (NBI)

- bildet die Grundlage der Einstufung in die 5 Pflegegrade
- erlaubt eine differenziertere Einstufung
- misst den Grad der Selbständigkeit bzw. das Ausmaß der Abhängigkeit von Hilfe in allen pflege- und lebensrelevanten Bereichen
- gibt stärkere Impulse für Rehabilitations- und Präventionsbedarfe

Grundlage dieses Instruments sind sechs Lebensbereiche (Module), innerhalb derer der pflegegradrelevante Hilfebedarf festgelegt wird:

1. Mobilität
2. Kognitive und kommunikative Fähigkeiten
3. Verhaltensweisen und psychische Problemlagen
4. Selbstversorgung
5. Bewältigung von und selbständiger Umgang mit krankheits- oder therapiebedingten Anforderungen und Belastungen
6. Gestaltung des Alltagslebens und sozialer Kontakte

Ausschlaggebend für die Einstufung in den jeweiligen Pflegegrad (PG) ist die Beeinträchtigung der Selbständigkeit oder Fähigkeiten in diesen Bereichen:

Pflegegrad (PG)	**Beeinträchtigung der Selbständigkeit oder Fähigkeiten**
PG **1**	Geringe
PG **2**	Erhebliche
PG **3**	Schwere
PG **4**	Schwerste
PG **5**	Schwerste mit besonderen Anforderungen an die pflegerische Versorgung

Zur Pflegegradermittlung müssen folgende Rechenschritte durchgeführt werden:

1

- Jedes Modul wird mit seinen einzelnen Kriterien mit Einzelpunkten bewertet (niedergelegt in Anlage 1 zu § 15 SGB XI).
- In jedem Modul werden diese Einzelpunkte addiert. Diese Summe wird danach nach einem gesetzlich vorgegebenen Schlüssel gewichtet (niedergelegt in Anlage 2 zu § 15 SGB XI).
- Die gewichteten Punkte aus jedem Modul werden addiert. Diese Summe ergibt die erreichte Gesamtpunktzahl. Je nach erreichter Punktzahl erfolgt dann eine Einstufung in eine der neuen fünf Pflegegrade.

Der Gewichtung liegt eine prozentuale Wertung der zu berücksichtigenden Lebensbreiche (Module) zugrunde:

Modul	Modulinhalt	Gewichtung
Modul 1	Mobilität	10 %
Module 2 und 3	Kognitive und kommunikative Fähigkeiten Verhaltensweisen und psychische Probleme	15 %
Modul 4	Selbstversorgung	40 %
Modul 5	Bewältigung von und selbständiger Umgang mit krankheits oder therapiebedingten Anforderungen und Belastungen	20 %
Modul 6	Gestaltung des Alltagslebens, soziale Kontakte	15 %

Zu vergeben sind maximal 100 Punkte (Punkteskalierung) zur Erreichung unterschiedlicher Pflegegrade (PG):

Pflegegrad (PG)	Klassifikation	Punkte
kein PG	--	unter 12,5
PG 1	geringe Beeinträchtigung	12,5 bis unter 27
PG 2	erhebliche Beeinträchtigung	27 bis unter 47,5

Pflegegrad (PG)	Klassifikation	Punkte
PG 3	schwere Beeinträchtigung	47,5 bis unter 70
PG 4	schwerste Beeinträchtigung	70 bis unter 90
PG 5	schwerste Beeinträchtigung mit besonderen Anforderungen an die pflegerische Versorgung	90 bis 100

Zwei Grundsätze wurden von Bundesgesundheitsminister Gröhe postuliert, als das Gesetzgebungsverfahren zum Pflegestärkungsgesetz II angestoßen wurde:

- Niemand soll durch die Einführung des neuen Pflegebedürftigkeitsbegriffs schlechter gestellt werden.
- Niemand, der bereits Leistungen bezieht, soll einen neuen Antrag auf Begutachtung stellen müssen.

Diese Grundsätze sind in das SGB XI übernommen worden, so dass es viele Anpassungs-, Überleitungs- und Besitzstandregelungen für am 31. Dezember 2016 bestehende Pflegefälle mit erfolgter Einstufung zu beachten gibt.

Hier eine Übersicht der Überleitungsregeln von Pflegestufe zu Pflegegrad (§ 140 SGB XI), die zum Jahreswechsel automatisch von den Pflegekassen umgesetzt wurde:

- Menschen mit körperlichen Einschränkungen werden automatisch in den im Vergleich zur bisherigen Pflegestufe nächst höheren Pflegegrad übergeleitet (sog. Stufensprung).
- Menschen mit geistigen oder psychischen Einschränkungen, bei denen eine eingeschränkte Alltagskompetenz festgestellt war, werden automatisch in den übernächsten Pflegegrad überführt (sog. doppelter Stufensprung).

Diese Überleitungsregeln aus den Pflegestufen in die neuen Pflegegrade führen daher zu folgendem Ergebnis:

Pflegestufe	Pflegegrad
Pflegestufe „0" mit erheblich eingeschränkter Alltagskompetenz	2
Pflegestufe I	2
Pflegestufe I mit erheblich eingeschränkter Alltagskompetenz	3
Pflegestufe II	3
Pflegestufe II mit erheblich eingeschränkter Alltagskompetenz	4
Pflegestufe III	4
Pflegestufe III mit erheblich eingeschränkter Alltagskompetenz	5
Pflegestufe III + Härtefall	5
Pflegestufe III + Härtefall mit erheblich eingeschränkter Alltagskompetenz	5

Dieser Bestandsschutz gilt lebenslang. Eine Schlechterstellung durch Neubegutachtung übergeleiteter Pflegebedürftiger wird ausgeschlossen. Eine Ausnahme gilt nur, wenn keine Pflegebedürftigkeit mehr vorliegt. Eine Höherbegutachtung bei Verschlechterung des Zustandes ist nach 2017 natürlich möglich.

Wichtig: Neben den Pflegegraden 2 bis 5 wurde zum 1. Januar 2017 der Pflegegrad 1 eingeführt: Bei Pflegebedürftigen des Pflegegrades 1 handelt es sich vorrangig um somatisch beeinträchtigte Pflegebedürftige, mit geringem Bedarf an personeller Unterstützung (Teilhilfe bei Selbstversorgung, Verlassen der Wohnung, Haushaltsführung).

Leistungen des SGB XI ab 1. Januar 2017

Leistung	Pflegegrad (PG) in Euro/monatlich				
	PG 1	PG 2	PG 3	PG 4	PG 5
Geldleistung ambulant	125*	316	545	728	901
Sachleistung ambulant	--	689	1298	1612	1995
Leistungsbetrag stationär	125	770	1262	1775	2005

*keine Geldleistung, sondern zweckgebundene Kostenerstattung

Pflegestärkungsgesetz III

Der eben dargstellte neue Pflegebedürftigkeitsbegriff sowie das Neue Begutachtungsassessment wurden für die Zwecke der Feststellung des Leistungszugangs und der Verbesserung und fachlich fundierte Weiterentwicklung der pflegerischen Versorgung in der sozialen Pflegeversicherung geschaffen.

Für andere Sozialleistungssysteme ist dieser neue Pflegebedürftigkeitsbegriff und das neue Begutachtungsverfahren ohne ausdrückliche Verweisung rechtlich nicht verbindlich. Um die Schnittstellen zu anderen Sozialleistungssystemen (Sozialhilfeleistungen, Leistungen nach dem Bundesversorgungsgesetz usw.) näher zu definieren, war ein weiteres Gesetz notwendig (PSG III).

Weiterer Themenbereich des PSG III ist die Stärkung der Rolle der Kommunen in der Pflege durch bessere Steuerungsmöglichkeiten, Kooperations- und Koordinationsstrukturen sowie einer besseren Verzahnung der kommunalen Beratung und Beteiligung am Auf- und Ausbau niederschwelliger Angebote. Diese Neuerungen sollen hier aber nicht Gegenstand der Abbhandlung sein.

Neuer Pflegebedürftigkeitsbegriff auch in der Sozialhilfe und im sozialen Entschädigungsrecht

Zur Wahrung der Identität der Pflegebedürftigkeitsbegriffe von SGB XI, SGB XII und dem Bundesversorgungsgesetz wird entsprechend dem SGB XI der neue Pflegebedürftigkeitsbegriff auch für die Hilfe zur Pflege (SGB XII) eingeführt. Dieser Pflegebedürftigkeitsbegriff, nun in § 61a Abs. 1 SGB XII geregelt, ist – mit Ausnahme der zeitlichen Untergrenze von sechs Monaten – inhaltsgleich mit der entsprechenden Vorschrift für die soziale Pflegeversicherung in § 14 Abs. 1 SGB XI. Im Unterschied zum Pflegebedürftigkeitsbegriff nach dem SGB XI, demzufolge Pflegebedürftigkeit auf Dauer, voraussichtlich für mindestens sechs Monate, vorliegen muss, setzt die Pflegebedürftigkeit im SGB XII – wie gehabt – keine zeitliche Untergrenze voraus.

Wie im SGB XI werden die bisherigen drei Pflegestufen durch fünf Pflegegrade ersetzt. Es gelten hier die Regeln wie in der sozialen Pflegeversicherung durch das PSG II eingeführt.

1

Die Ermittlung des Grades der Pflegebedürftigkeit wird nun in § 62 SGB XII festgelegt. Dies ist neu, da bislang im SGB XII keine Regelung zu finden war, nach welchem Verfahren die Pflegebedürftigkeit zu beurteilen ist. Festgelegt wird, dass das neue Begutachtungsinstrument (NBI) nach § 15 SGB XI angewandt werden muss. Dies gilt auch dann, wenn keine Leistungen aus der sozialen Pflegeversicherung gezahlt werden, sondern „nur" Leistungen der Hilfe zur Pflege (z. B. wegen Unterschreitung der zeitlichen Untergrenze von sechs Monaten).

Neu ist auch, dass Entscheidungen der Pflegekasse über den Pflegegrad für den Sozialhilfeträger bindend sind (siehe dazu den neuen § 62a SGB XII). Eine unterschiedliche Beurteilung desselben Sachverhaltes durch Pflegekasse und Sozialhilfeträger ist damit künftig ausgeschlossen; eine Doppelbegutachtung finden daher bei Vorliegen eines Bescheides der Pflegekasse nicht mehr statt.

Neufassung des Siebten Kapitels des SGB XII: neue Struktur, neuer Leistungskatalog

Das Siebte Kapitel des SGB XII wird neu strukturiert und der Leistungskatalog ausgebaut. Es erhält folgenden Aufbau:

Leistungsberechtigung im Rahmen der Hilfe zur Pflege; Bedürftigkeitsgrundsatz

- § 61 Leistungsberechtigte

Neuer Pflegebedürftigkeitsbegriff im SGB XII

- § 61a Begriff der Pflegebedürftigkeit
- § 61b Pflegegrade

Neues Begutachtungsverfahren zur Feststellung der Pflegebedürftigkeit

- § 62 Ermittlung des Grades der Pflegebedürftigkeit
- § 62a Bindungswirkung

Pflegebedarf, Übersicht zu Leistungen je Pflegegrad

- § 63 Leistungen für Pflegebedürftige
- § 63a Notwendiger pflegerischer Bedarf

Schnittstellenproblematik, Vorrang-/Nachrangregelung

- § 63b Leistungskonkurrenz
- § 64 Vorrang

Leistungskatalog der Hilfe zur Pflege

- § 64a Pflegegeld
- § 64b Häusliche Pflegehilfe
- § 64c Verhinderungspflege
- § 64d Pflegehilfsmittel
- § 64e Maßnahmen zur Verbesserung des Wohnumfeldes
- § 64f Andere Leistungen
- § 64g Teilstationäre Pflege
- § 64h Kurzzeitpflege
- § 64i Entlastungsbetrag bei den Pflegegraden 2, 3, 4 oder 5
- § 65 Stationäre Pflege
- § 66 Entlastungsbetrag bei Pflegegrad 1

Sonderregelung zum Vermögenseinsatz

- § 66a Sonderregelungen zum Einsatz von Vermögen

Leistungsausweitungen bei der Hilfe zur Pflege

Mit Einführung des neuen Pflegebedürftigkeitsbegriffs gehören nicht mehr nur körperbezogene Pflegemaßnahmen, sondern auch pflegerische Betreuungsmaßnahmen und Hilfen bei der Haushaltsführung zu den Leistungen der häuslichen Pflegehilfe (siehe den neuen § 64b SGB XII). Zur Abgrenzung zu den Leistungen der Eingliederungshilfe wird der Begriff der pflegerischen Betreuungsmaßnahme zudem in § 64b Abs. 2 SGB XII näher definiert.

Neu in den Leistungskatalog der Hilfe zur Pflege wird auch die Verhinderungspflege (§ 64c SGBXII) aufgenommen. Gegenüber dem bisherigen Recht ist dies wohl eher eine Klarstellung, konnte doch die Verhinderungspflege bereits in der Vergangenheit als sogenannte „andere Leistung" nach dem bisherigen § 65 Abs. 1 SGB XII a. F. geleistet werden.

Ebenfalls explizit aufgenommen wurden auch Regelungen zu Versorgung Pflegebedürftiger mit Pflegehilfsmitteln im Rahmen der Hilfe zur Pflege (siehe § 64d SGB XII). Wie im gesamten Sozialhilferecht ist auch hier das Nachrangprinzip zu beachten. Die Träger der Sozialhilfe sind nur in den Fällen zuständig, in denen Hilfsmittel nicht bereits von den Krankenkassen als Leistung bei Krankheit oder von anderen Leistungsträgern zu gewähren und zu bezahlen sind. Soweit eine Zuständigkeit des Sozialhilfeträgers gegeben ist, muss dieser die Notwendigkeit der Versorgung prüfen (Wirtschaftlichkeitsprinzip).

Auch neu ist die Aufnahme von Maßnahmen zur Verbesserung des Wohnumfeldes in den Leistungskatalog des Siebten Kapitels. In § 64e SGB XII wird festgelegt, dass Sozialhilfeträger Maßnahmen zur Verbesserung des Wohnumfeldes (technische Hilfen, Umbauten, Modernisierungsmaßnahmen etc.) – neben der Gewährung von Pflegehilfsmitteln – ganz oder teilweise finanzieren können (Ermessensleistung!).

In § 64f SGB XII sind nun die bisher in § 65 SGB XII a. F. niedergelegten „anderen Leistungen" geregelt (Aufwendungen für die Beiträge zur sozialen Sicherung einer Pflegeperson, Beratungsleistungen, Kosten im Rahmen des Arbeitgebermodells).

Explizite Regelungen finden sich in § 64g SGB XII nun für teilstationäre Pflege (Tagespflege, Nachtpflege). Auch dies dient zur Klarstellung, da auch diese Leistung bisher schon im Rahmen der Hilfe zur Pflege gewährt werden konnte. Dies gilt auch für die Kurzzeitpflege, die in § 64h SGB XII angesprochen ist.

Neu ist die Gewährung eines Entlastungsbetrages in Höhe von bis zu 125 Euro monatlich für Pflegebedürftige der Pflegegrade 2 bis 5. Der Entlastungsbetrag ist in § 64i SGB XII niedergelegt. Mit der Ausgestaltung als zusätzliche Leistung soll Pflegepersonen die Möglichkeit eröffnet werden, neben der Verhinderungspflege, Kurzzeitpflege und teilstationärer Pflege auch niedrigschwellige Angebote in Anspruch zu nehmen.

Neu ist der Entlastungsbetrag bei Pflegebedürftigen mit Pflegegrad 1 (§ 66 SGB XII), der diesen Personenkreis befähigen soll, möglichst lange in ihrer häuslichen Umgebung verbleiben zu können. Der Entlastungsbetrag muss dementsprechend zweckgebunden eingesetzt werden.

Erweiterter Kreis von Leistungsberechtigten

Die Hilfe zur Pflege bleibt auch weiterhin in ihrer Funktion als ergänzende Leistung erhalten. Die seit 1. Januar 2017 geltenden Leistungsinhalte korrespondieren aber mit dem erweiterten Verständnis von Pflegebedürftigkeit. Dies führt dazu, dass der Kreis der Anspruchsberechtigten (siehe § 61 SGB XII) sowie die Leistungen aufgrund der Neudefinition des Pflegebedürftigkeitsbegriffes (siehe dazu § 61a SGB XII) bezüglich von Betreuungsleistungen ausgeweitet werden:

- Personen, die mit einem Pflegegrad 1 eingestuft werden, können – bei Vorliegen der sonstigen Voraussetzungen – Pflegehilfsmittel, Maßnahmen zur Verbesserung des Wohnumfeldes und auf einen Entlastungsbetrag in Höhe von 125 Euro erhalten. Weitere Leistungen im Rahmen der Hilfe zur Pflege sind ausgeschlossen.
- Zusätzliche Betreuungsleistungen – also Leistungen nach den bis 31. Dezember 2016 geltenden §§ 45b, 87b und § 124 SGB XI a. F. für Menschen mit eingeschränkter Alltagskompetenz – sind seit 1. Januar 2017 Bestandteil des neuen Pflegebedürftigkeitsbegriffs. Sie werden aufgrund der geschaffenen Begriffsidentität damit auch als (neue) Leistung im Rahmen der Hilfe zur Pflege durch die Träger der Sozialhilfe sowie der Träger der Kriegsopferfürsorge erbracht. Nach bisher geltendem Recht waren bei der ambulanten Versorgung im Rahmen der Hilfe zur Pflege keine pflegerischen Betreuungsmaßnahmen zu erbringen. Bei stationärer Unterbringung in einer Einrichtung entstanden bisher diesbezüglich keine weiteren Kosten, da die Betreuung in der Vollversorgung nach § 89 SGB XI abgegolten war. Die neue Leistung „pflegerische Betreuungsmaßnahmen“ für Menschen mit eingeschränkter Alltagskompetenz kann aber ab 2017 dazu führen, dass Einrichtungen ihre Angebote weiterentwickeln, was vom Sozialhilfeträger im Rahmen der Hilfe zur Pflege dann übernommen werden muss.

Überleitung in Pflegegrade auch für bisher Leistungsberechtigte im Rahmen der Hilfe zur Pflege

Der neue § 137 SGB XII regelt die Überleitung von Pflegebedürftigen, die zum 31. Dezember 2016 bereits durch den Sozialhilfeträger eingestuft waren. Aus der Regelung ergibt sich, dass es im Rahmen der Hilfe zur Pflege nur einen sogenannten „einfachen Stufensprung" gibt. Ohne erneute Begutachtung erfolgt hier die Überleitung in die Pflegegrade wie folgt:

- Pflegebedürftige mit Pflegestufe I in den Pflegegrad 2
- Pflegebedürftige mit Pflegestufe II in den Pflegegrad 3
- Pflegebedürftige mit Pflegestufe III in den Pflegegrad 4

Anders als in der sozialen Pflegeversicherung ist ein „doppelter Stufensprung" im Rahmen der sozialhilferechtlichen Vorschriften nicht vorgesehen, da ja bisher im Rahmen der Hilfe zur Pflege keine zusätzlichen Leistungen bei einer erheblich eingeschränkten Alltagskompetenz erbracht wurden.

Bundesteilhabegesetz

Das Bundesteilhabegesetz (BTHG) wurde am 29. Dezember 2016 – nach vorausgegangenen heftigen Debatten – im Bundesgesetzblatt verkündet. Die Regelungen treten bis 2020 nach und nach in Kraft (siehe dazu auch unten). Zum Verhältnis zur Hilfe zur Pflege sind insbesondere folgende systemische Änderungen von Bedeutung:

- Die Eingliederungshilfe wird nach vollständigem Inkrafttreten des BTHG im zweiten Teil des SGB IX (Rehabilitation und Teilhabe von Menschen mit Behinderungen) geregelt und ist damit dann nicht mehr Bestandteil der sozialhilferechtlichen Vorschriften.
- Das „neue" Recht der Eingliederungshilfe wird dann konsequent personenzentriert ausgerichtet (Trennung von Fachleistung und existenzsichernden Leistungen).
- Die notwendige Unterstützung erwachsener Menschen mit Behinderung wird nicht mehr an einer bestimmten Wohnform,

sondern unter ganzheitlicher Perspektive am notwendigen individuellen Bedarf ausgerichtet sein.

- Die Eingliederungshilfe konzentriert sich dann auf die reinen Fachleistungen (Medizinische Reha-Maßnahmen, Teilhabe am Arbeitsleben, Teilhabe an Bildung, soziale Teilhabe, unterhaltssichernde bzw. ergänzende Leistungen). Existenzsichernde Leistungen, also Leistungen zum Lebensunterhalt einschließlich Wohnen sollen wie bei Menschen ohne Behinderungen nach dem 3. oder 4. Kapitel des SGB XII bzw. nach dem SGB II erbracht werden. Die Gliederung nach ambulanten, teilstationären und vollstationären Leistungen wird deshalb für erwachsene Menschen mit Behinderungen aufgegeben. Bestehende Betreuungsmöglichkeiten in Wohnformen, wo Menschen mit Behinderungen zusammenleben, werden erhalten.
- Die Regelungen über die Anrechnung von Einkommen und die Heranziehung von Vermögen bei der Erbringung von Leistungen der Eingliederungshilfe werden stufenweise im Sinne der Betroffenen verbessert.

Zudem erfolgt im künftige § 2 SGB IX eine Neudefinition des Behindertenbegriffes:

Neudefinition: Behinderung, von Behinderung bedroht

Menschen mit Behinderungen sind Menschen, die körperliche, seelische, geistige oder Sinnesbeeinträchtigungen haben, welche sie in Wechselwirkung mit einstellungs- und umweltbedingten Barrieren an der gleichberechtigten Teilhabe an der Gesellschaft mit hoher Wahrscheinlichkeit länger als sechs Monate hindern können. Eine Beeinträchtigung nach Satz 1 liegt vor, wenn der Körper- und Gesundheitszustand von dem für das Lebensalter typischen Zustand abweicht.

Menschen sind von Behinderung bedroht, wenn eine Beeinträchtigung nach Satz 1 zu erwarten ist.

Das SGB IX wird nach Inkrafttreten aller Umsetzungszeitpunkte folgende Struktur haben:

In **Teil 1** (ab 1.1.2018) wird das für alle Rehabilitationsträger geltende Rehabilitations- und Teilhaberecht zusammengefasst. Teil 1 enthält dann Regelungen zur Zuständigkeitsklärung, Bedarfsermittlung, zum Teilhabeplanverfahren und zu den Erstattungsverfahren der Rehabilitationsträger untereinander. Das verbindlich vorgeschriebene Teilhabeplanverfahren für alle Rehabilitationsträger (Regelungen der Prävention, Bedarfsermittlung und Leistungskoordinierung) hat zum Ziel ,,Leistungen wie aus einer Hand" zu liefern. Zu den Trägern, die im Teilhabeplanverfahren zusammenwirken sollen, gehört auch der für die Hilfe zur Pflege zuständige Sozialhilfeträger. Zur Stärkung der Selbstbestimmung von Menschen mit Behinderungen und zur Verbesserung ihrer Teilhabemöglichkeiten werden mit diesem Gesetz ergänzende Angebote einer von Leistungsträgern und Leistungserbringern unabhängigen – ausschließlich dem Leistungsberechtigen verpflichteten – Teilhabeberatung gefördert. Die Leistungskataloge zur medizinischen Rehabilitation, zur Teilhabe am Arbeitsleben und zur sozialen Teilhabe werden präzisiert und erweitert.

In **Teil 2** (ab 1.1.2020) wird die aus dem SGB XII herausgelöste und reformierte Eingliederungshilfe als „Besondere Leistungen zur selbstbestimmten Lebensführung für Menschen mit Behinderungen" geregelt. Das SGB IX wird insoweit zu einem Leistungsgesetz aufgewertet. Das hier geregelte Recht der Eingliederungshilfe wird konsequent personenzentriert ausgerichtet. Die notwendige Unterstützung erwachsener Menschen mit Behinderung wird nicht mehr an einer bestimmten Wohnform, sondern unter ganzheitlicher Perspektive am notwendigen individuellen Bedarf ausgerichtet sein. Die mit dem SGB XII begonnenen Schritte einer Trennung von Fachleistung und von Leistungen zum Lebensunterhalt werden zum Abschluss gebracht. Die Eingliederungshilfe konzentriert sich dann auf die reinen Fachleistungen. Die Leistungen zum Lebensunterhalt einschließlich Wohnen sollen wie bei Menschen ohne Behinderungen nach dem 3. oder 4. Kapitel des SGB XII bzw. nach dem SGB II erbracht werden. Die Gliederung nach ambulanten, teilstationären und vollstationären Leistungen wird deshalb für erwachsene Menschen mit Behinderungen aufgegeben. Bestehende Betreuungsmöglichkeiten in Wohnformen, wo Menschen mit Behinderungen zusammenleben, werden erhalten.

Unter Berücksichtigung des Wunsch- und Wahlrechts wird auch künftig jeder erwachsene Mensch mit Behinderung entsprechend seinen individuellen Bedarfen wohnen und sein Leben gestalten können. Die Regelungen über die Anrechnung von Einkommen und die Heranziehung von Vermögen bei der Erbringung von Leistungen der Eingliederungshilfe werden stufenweise im Sinne der Betroffenen verbessert.

Es sollen folgende Nachrangregeln gelten:

- Eingliederungshilfe erhält, wer die erforderliche Leistung nicht von anderen oder von Trägern anderer Sozialleistungen erhält.
- Verpflichtungen anderer, insbesondere der Träger anderer Sozialleistungen, bleiben unberührt.
- Das Verhältnis der Leistungen der sozialen Pflegeversicherung und der Leistungen der Eingliederungshilfe bestimmt sich nach § 13 Abs. 3 SGB XI: An der Schnittstelle Eingliederungshilfe – Pflege soll nach dem Schwerpunkt der Leistungserbringung entschieden werden

In **Teil 3** (ab 1.1.2018) steht künftig das weiterentwickelte Schwerbehindertenrecht, das derzeit im SGB IX, Teil 2 geregelt ist. Die inhaltlichen Änderungen umfassen im Wesentlichen die Stärkung des ehrenamtlichen Engagements der Schwerbehindertenvertretungen, die Verbesserung der Mitwirkungsmöglichkeiten von Menschen mit Behinderungen in Werkstätten für behinderte Menschen, Regelungen zur Benutzung von Behindertenparkplätzen sowie die Schaffung eines Merkzeichens für taubblinde Menschen im Schwerbehindertenausweis.

Inkrafttreten der Neuerungen zum 1.1.2017, 1.4.2017, 1.7.2017

Aus den oben genannten Änderungsgesetzen ergeben sich zum Jahreswechsel 2016/2017 insbesondere folgende Neuerungen für Pflegebedürftige und Menschen mit Behinderung:

- Einführung des neuen Pflegebedürftigkeitsbegriff in der sozialen Pflegeversicherung (§ 14 SGB XI)

- Einführung des neuen Pflegebedürftigkeitsbegriffs in der Hilfe zur Pflege und dadurch veranlasst Neustrukturierung des Siebten Kapitels des Zwölften Buches Sozialgesetzbuch (§ 61 bis § 66a SGB XII)

- Menschen mit Behinderung und Pflegebedarf können weiterhin die Leistungen der Eingliederungshilfe und Pflegeversicherung nebeneinander in Anspruch nehmen (§ 13 Abs. 3 SGB XI). Gleichzeitig gelten ab 2017 verschärfte Koordinierungsregeln beim Zusammentreffen von Leistungen der Pflegeversicherung und der Eingliederungshilfe (§ 13 Abs. 4 SGB XI). Diese Regelungen werden bis zum 1. Juli 2019 evaluiert.

- Für die Bezieher von Leistungen der Eingliederungshilfe wird ein zusätzlicher Vermögensfreibetrag in Höhe von 25.000 Euro berücksichtigt (§ 60a SGB XII).

- Für die Bezieher von Leistungen der Hilfe zur Pflege wird ein zusätzlicher Vermögensfreibetrag in Höhe von 25.000 Euro berücksichtigt, sofern dieser Betrag überwiegend als Einkommen aus selbständiger oder nichtselbständiger Tätigkeit während des Leistungsbezugs erworben worden ist (§ 66a SGB XII).

- Die Vermögensfreigrenzen in der Sozialhilfe werden von 2.600 Euro auf 5.000 Euro erhöht.

  Voraussichtlich zum **1. April 2017** wird der Freibetrag für Vermögen für alle volljährigen Personen, die alleine oder in einer sozialrechtlichen Einstandsgemeinschaft nach § 19 SGB XII leben, steigen. Die Vermögensfreigrenze wird von 1.600/2.600 Euro und 614 Euro für Partner auf 5.000 Euro pro Person angehoben. Für jede weitere Person, die unterhalten wird, besteht ein Freibetrag von 500 Euro. Letzteres betrifft insbesondere Kinder in Einstandsgemeinschaften. Diese Regelung ist zu Drucklegung des Buches noch nicht im Bundesgesetzblatt verkündet; die Änderung der Verordnung befand sich noch im Gesetzgebungsverfahren (Zweite Verordnung zur Änderung der Verordnung zur Durchführung des § 90 Abs. 2 Nr. 9 des Zwölften Buches Sozialgesetzbuch).

- Personen, die Leistungen der Eingliederungshilfe (bis Ende 2019) und der Hilfe zur Pflege erhalten, ist ein Betrag in Höhe von 40 Prozent des Einkommens aus selbständiger und nichtselbständiger Tätigkeit des Leistungsberechtigten abzusetzen, höchstens jedoch 65 Prozent der Regelbedarfsstufe 1 nach der Anlage zu § 28 SGB XII (§ 82 Abs. 3a SGB XII).

- Beschäftige in einer Werkstatt für behinderte Menschen erhalten einen höhere Freibetrag, bei der Anrechnung des Werkstattentgelts auf die Grundsicherung: der Freibetrag wird von 25 auf 50 Prozent erhöht (§ 82 Abs. 3 SGB XII).
- Erwachsene Menschen mit Behinderung, die zusammen mit ihren Eltern oder in einer Wohngemeinschaft leben und Leistungen der Grundsicherung oder der Hilfe zum Lebensunterhalt bekommen, werden der Regelbedarfsstufe 1 (409 Euro/monatlich) zugeordnet (§ 8 Regelbedarfs-Ermittlungsgesetz). Bisher wurde nur ein geringerer Betrag nach Stufe 3 gewährt bzw. nach entsprechender BSG-Entscheidung im Vorgriff auf eine gesetzliche Änderung aufgrund einer Anordnung des Bundesministeriums für Arbeit und Soziales nach Regelbedarfsstufe 1 geleistet. Diese Vorgriffsregelung ist nun in Gesetzesform gegossen.
- § 75 Abs. 2 SGB XII wird zum Schutz des von den Diensten und Einrichtungen betreuten Personenkreises angepasst:
  - Es dürfen nur solche Personen beschäftigt werden, die nicht wegen bestimmter Straftaten gegen die sexuelle Selbstbestimmung oder die körperliche Unversehrtheit verurteilt worden sind.
  - Dienste und Einrichtungen sollen sich hierfür ein erweitertes Führungszeugnis vorlegen lassen, sowohl bei Neueinstellung als auch in regelmäßigen Abständen bei laufender Beschäftigung.
  - Die Regelung gilt sowohl für hauptamtlich Beschäftigte als auch für ehrenamtlich tätige Personen, die bei ihrer Tätigkeit Kontakt mit Menschen mit Behinderung haben.
- Versicherte erhalten in stationären Einrichtungen Leistungen der häuslichen Krankenpflege, wenn der Bedarf an Behandlungspflege eine ständige Überwachung und Versorgung durch eine qualifizierte Pflegefachkraft erfordert. Dies soll zu-

sätzlich zur bisherigen Praxis auf der Basis der Rechtsprechung des BSG gelten, wonach häusliche Krankenpflege nach dem SGB V auch in Behindertenhilfeeinrichtungen übernommen wird, solange es sich nicht um einfachste Maßnahmen handelt oder die Leistung bereits durch entsprechende Verträge mit dem Eingliederungshilfeträger abgegolten wurde (§ 37 Abs. 1 Satz 8 SGB XI).

Änderung zum 1. Juli 2017:

Kosten für Unterkunft und Heizung werden über die Grundsicherung auch für diejenigen Menschen anerkannt, die in einem Mehrpersonenhaushalt z. B. zusammen mit ihren Eltern leben und selbst vertraglich nicht zur Tragung von Unterkunftskosten verpflichtet sind (§ 42a Abs. 3 SGB XII).

Inkrafttreten der Neuerungen zum 1.1.2018

Zum 1.1.2018 wird Teil 1 des „neue" SGB IX in Kraft treten (Änderung durch das BTHG), insbesondere

- Regelungen zur Koordinierung
- Regelungen zur Teilhabeplanung
- Einführung einer ergänzenden Teilhabeberatung
- Regelung zur Frühförderung

Außerdem treten einzelne Teile des neuen Eingliederungshilferechts in Kraft:

- Regelung zum Gesamtplanverfahren und zur Bedarfsermittlung
- Einführung der Alternativen zur Werkstätten für behinderte Menschen in Form von Budget für Arbeit und anderer Leistungsanbieter und gleichzeitiger Wegfall der „sonstigen Beschäftigungsstätten"

Die neuen, ab 1. Januar 2018 geltenden Regeln zum Vertragsrecht in der Eingliederungshilfe besagen, dass bis zum 31. Dezember 2017 vereinbarte Vergütungen bis zum 31. Dezember 2019 weitergelten. Auf Verlangen einer Partei kann für diesen Zeitraum aber neu verhandelt werden. Für den Fall einer Neuverhandlung zwischen 2018 und 2019 und für alle neuen Leistungsangebote ab 2018 gilt dann das neue Vertragsrecht der Eingliederungshilfe aus Teil 2 des SGB IX.

Inkrafttreten der Neuerungen zum 1.1.2020, 1.1.2023

Das Recht der Eingliederungshilfe wird durch das BTHG aus dem SGB XII herausgenommen und als Teil 2 in das SGB IX eingefügt. Dazu gehört insbesondere:

- Neuregelung der Leistungen zur Sozialen Teilhabe
- Neuregelung zum Wunsch- und Wahlrecht und zum Poolen
- Zweite Stufe der Verbesserung bei der Heranziehung von Einkommen und Vermögen

Die bisherigen Vorschriften zum leistungsberechtigten Personenkreis in der Eingliederungshilfe (§ 53 Abs. 1 und Abs. 2 SGB XII und §§ 1 bis 3 der Eingliederungshilfe-Verordnung) bleiben zunächst weiter gültig (§ 99 SGB IX, gültig ab 1.1.2020).

Noch nicht in Gesetzesform gegossen, aber bereits geplant ist eine Neuregelung zum leistungsberechtigten Personenkreis in der Eingliederungshilfe ab 1. Januar 2023. Konkret soll § 99 SGB IX erneut neu gefasst werden: Die Unterstützung durch Eingliederungshilfe soll auf die Personen beschränkt werden, die in mindestens fünf von neun Lebensbereichen Unterstützung benötigen:

1. Lernen und Wissensanwendung
2. Allgemeine Aufgaben und Anforderungen
3. Kommunikation
4. Mobilität
5. Selbstversorgung
6. Häusliches Leben
7. Interpersonelle Interaktionen und Beziehungen
8. Bedeutende Lebensbereiche
9. Gemeinschafts-, soziales und staatsbürgerliches Leben

Vor Einführung dieser Regelung sollen im Vorfeld umfangreiche Evaluierungen durchgeführt werden, ob diese Lebensbereiche zur Beschränkung geeignet sind bzw. ob die Einschränkung auf Lebensbereiche ein gangbarer Weg ist.

Hilfe zur Pflege ab 2017

Vorbemerkung 33
§ 61 SGB XII: Leistungsberechtigte 34
§ 61a SGB XII: Begriff der Pflegebedürftigkeit 38
§ 61b SGB XII: Pflegegrade 50
§ 61c SGB XII: Pflegegrade bei Kindern 54
§ 62 SGB XII: Ermittlung des Grades der Pflegebedürftigkeit 56
§ 62a SGB XII: Bindungswirkung 57
§ 63 SGB XII: Leistungen für Pflegebedürftige 60
§ 63a SGB XII: Notwendiger pflegerischer Bedarf 70
§ 63b SGB XII: Leistungskonkurrenz 74
§ 64 SGB XII: Vorrang 80
§ 64a SGB XII: Pflegegeld 82
§ 64b SGB XII: Häusliche Pflegehilfe 85
§ 64c SGB XII: Verhinderungspflege 90
§ 64d SGB XII: Pflegehilfsmittel 92
§ 64e SGB XII: Maßnahmen zur Verbesserung des Wohnumfeldes 94
§ 64f SGB XII: Andere Leistungen 95
§ 64g SGB XII: Teilstationäre Pflege 98
§ 64h SGB XII: Kurzzeitpflege 99
§ 64i SGB XII: Entlastungsbetrag bei den Pflegegraden 2, 3, 4 oder 5 103
§ 65 SGB XII: Stationäre Pflege 105
§ 66 SGB XII: Entlastungsbetrag bei Pflegegrad 1 106
§ 66a SGB XII: Sonderregelungen zum Einsatz von Vermögen 108

Heranziehung von Einkommen und Vermögen bei der Hilfe zur Pflege 111

2

Vorbemerkung

In diesem Kapitel finden Sie den Wortlaut der Paragrafen des neu strukturierten Siebten Kapitels des SGB XII (§§ 61-66a) zum 1. Januar 2017.

Unter jedem Paragrafen ist die Gesetzesbegründung des „Entwurfes eines Dritten Gesetzes zur Stärkung der pflegerischen Versorgung und zur Änderung weiterer Vorschriften (Drittes Pflegestärkungsgesetz – PSG III)“ vom 5. September 2016 – gekennzeichnet mit Drs. 18/9518 – abgedruckt.

Soweit sich im Laufe des Gesetzgebungsverfahren Änderungen ergaben, die mit der „Beschlussempfehlung und Bericht des Ausschusses für Gesundheit (14. Ausschuss)“ vom 30. November 2016 – gekennzeichnet mit Drs. 18/10510 – Eingang in das verabschiedete Gesetz fanden, sind die sich aus der Begründung in der Beschlussempfehlung ergebenden Erläuterungen zusätzlich eingearbeitet.

Der neue § 66a SGB XII wurde nicht durch das PSG III, sondern durch das Bundesteilhabegesetz (BTHG) eingefügt. Als Erläuterung wurde dazu die Begründung aus dem „Entwurf eines Gesetzes zur Stärkung der Teilhabe und Selbstbestimmung von Menschen mit Behinderungen (Bundesteilhabegesetz – BTHG)“ vom 5. September 2016 – gekennzeichnet mit Drs. 18/9522 – abgedruckt.

Um eine bessere Lesbarkeit zu gewährleisten, wurden grammatikalische Zeitformen angepasst und Hinweise zur alten bzw. neuen Fassung der genannten Paragrafen gegeben. Dies gilt auch für wegen Zeitablauf mißverständliche Formulierungen (z. B. „derzeit geltend“ bezieht sich auf den Zeitpunkt der Erstellung der Gesetzesbegründung im Herbst 2016; dieser Begriff wurde durch „bisherig“ oder ähnliche Formulierungen ersetzt). Diese redaktionellen Erweiterungen sind *kursiv* gekennzeichnet.

Redaktionelle Hinweise und Anmerkungen sind – zur Abgrenzung des Textes der Gesetzesbegründung – grau hinterlegt.

§ 61 SGB XII: Leistungsberechtigte

Wortlaut in der Fassung ab 1. Januar 2017

2

§ 61 Leistungsberechtigte

Personen, die pflegebedürftig im Sinne des § 61a sind, haben Anspruch auf Hilfe zur Pflege, soweit ihnen und ihren nicht getrennt lebenden Ehegatten oder Lebenspartnern nicht zuzumuten ist, dass sie die für die Hilfe zur Pflege benötigten Mittel aus dem Einkommen und Vermögen nach den Vorschriften des Elften Kapitels aufbringen. Sind die Personen minderjährig und unverheiratet, so sind auch das Einkommen und das Vermögen ihrer Eltern oder eines Elternteils zu berücksichtigen.

Gesetzesbegründung zum PSG III (Drs. 18/9518, S. 82)

Die Vorschrift regelt in Anlehnung an den Regelungsbereich des bisherigen § 61 Absatz 1 Satz 1 die grundsätzlichen Voraussetzungen für eine Leistungsberechtigung im Rahmen der Hilfe zur Pflege.

Leistungsberechtigt nach den Vorschriften der Hilfe zur Pflege sind demnach Pflegebedürftige, die finanziell bedürftig sind und nicht in der sozialen Pflegeversicherung versichert sind.

Redaktionelle Anmerkung:

Mit der Definition des Leistungsberechtigten in § 61 SGB XII hat sich der Gesetzgeber von dem bisher geltenden „Vor-die-Klammer-ziehen" der Beschreibung der Leistungsberechtigten in § 19 SGB XII wieder ein Stück mehr verabschiedet. „Wieder" deshalb, weil früher im Bundessozialhilfegesetz an verschiedenen Stellen geregelt wurde, wer Leistungsberechtigter sein kann. Mit der Einführung von § 19 SGB XII als Grundnorm wurde diese Zersplitterung aufgehoben. § 19 SGB XII nennt alle Leistungsberechtigten nach dem Dritten bis Neunten Kapitel des SGB XII und ist die vor die Klammer gezogene Anspruchsnorm für alle Leistungen nach dem SGB XII (Coseriu in: Schlegel/Voelzke, jurisPK-SGB XII, 2. Aufl. 2014, § 19 SGB XII, Rn. 15).

Diese bereits mit der Neuformulierung von § 27 SGB XII (Leistungsberechtigte für Hilfe zum Lebensunterhalt) zum 1. Januar 2011 und § 41 SGB XII (Leistungsberechtigte für Leistungen der Grundsicherung im Alter und bei Erwerbsminderung) zum 1. Januar 2016 erfolgte Systematikänderung wird nun durch Regelung des Personenkreises der Leistungsberechtigten in einer eigenen Vorschrift am Anfang des Siebten Kapitels fortgeführt.

In § 61 SGB XII wurde auch der Grundsatz der Einsatzgemeinschaft, der in § 19 Absatz 3 SGB XII formuliert ist, noch einmal wiederholt. Dort heißt es: „(3) [...] Hilfe zur Pflege [...] werden [...] geleistet, soweit den Leistungsberechtigten, ihren nicht getrennt lebenden Ehegatten oder Lebenspartnern und, wenn sie minderjährig und unverheiratet sind, auch ihren Eltern oder einem Elternteil die Aufbringung der Mittel aus dem Einkommen und Vermögen nach den Vorschriften des Elften Kapitels dieses Buches nicht zuzumuten ist."

Zu beachten sind aber weiterhin die Regelungen in § 19 Absatz 4 bis 6 SGB XII, die nun im Zusammenhang mit § 61 SGB XI n. F. gelesen werden müssen:

„(4) Lebt eine Person bei ihren Eltern oder einem Elternteil und ist sie schwanger oder betreut ihr leibliches Kind bis zur Vollendung des sechsten Lebensjahres, werden Einkommen und Vermögen der Eltern oder des Elternteils nicht berücksichtigt.

(5) Ist den in den Absätzen 1 bis 3 genannten Personen die Aufbringung der Mittel aus dem Einkommen und Vermögen im Sinne der Absätze 1 und 2 möglich oder im Sinne des Absatzes 3 zuzumuten und sind Leistungen erbracht worden, haben sie dem Träger der Sozialhilfe die Aufwendungen in diesem Umfang zu ersetzen. Mehrere Verpflichtete haften als Gesamtschuldner.

(6) Der Anspruch der Berechtigten auf Leistungen für Einrichtungen oder auf Pflegegeld steht, soweit die Leistung den Berechtigten erbracht worden wäre, nach ihrem Tode demjenigen zu, der die Leistung erbracht oder die Pflege geleistet hat."

Darüber hinaus kommen Leistungen der Hilfe zur Pflege in den Fällen in Betracht, in denen die Pflegebedürftigkeit voraussichtlich nicht für mindestens sechs Monate besteht und aus diesem Grunde keine Leistungen nach dem SGB XI gewährt werden.

Redaktionelle Anmerkung:

Während sich im bisherigen Wortlaut noch Ausführungen zur möglichen Unterschreitung der Sechs-Monatsgrenze fanden (§ 61 Abs. 1 Satz 2 SGB XII a. F.: „Hilfe zur Pflege ist auch Kranken und behinderten Menschen zu leisten, die voraussichtlich für weniger als sechs Monate der Pflege bedürfen ..") erschließt sich eine möglicherweise notwendige Einstandsleistung durch den Träger der Sozialhilfe in diesen Fällen nur aufgrund des Fehlens dieses Merkmals in § 61a SGB XII n. F. (Definition des Pflegebedürftigkeitsbegriffes im Rahmen der Sozialhilfe).

Für kurzfristige Pflegebedürftigkeit unter sechs Monate wurde bereits Ende 2015 durch die Einführung eines Kurzzeitpflegeanspruchs in der gesetzlichen Krankenversicherung eine Versorgungslücke geschlossen. Auf diese sog. Übergangspflege besteht ein Anspruch, wenn häusliche Krankenpflege nicht ausreichend ist. In diesen Fällen besteht eine vorrangige Einstandspflicht der gesetzlichen Krankenversicherung, siehe dazu ausführlicher in der Begründung zu § 63b SGB XII).

Schließlich kann eine Leistungsberechtigung in Fällen gegeben sein, in denen der pflegerische Bedarf durch die Leistungen der sozialen Pflegeversicherung nicht sichergestellt ist. Mit dem neuen Pflegebedürftigkeitsbegriff erfolgt keine Vollabsicherung des Pflegerisikos durch die Leistungen der sozialen Pflegeversicherung. Die Höhe der Versicherungsleistungen nach dem SGB XI ist auf gesetzlich festgesetzte Höchstbeträge begrenzt (Teilleistungssystem). Bei den Pflegebedürftigen kann daher auch nach Einführung des neuen Pflegebedürftigkeitsbegriffs im SGB XI ein darüber hinausgehender Bedarf an Pflegeleistungen bestehen, der bei finanzieller Bedürftigkeit durch die Sozialhilfe im Rahmen der Hilfe zur Pflege gedeckt werden muss.

Redaktionelle Anmerkung:

Die bisherigen „Aufstockerfälle" fallen also weiterhin in den Anwendungsbereich der Hilfe zur Pflege.

Darüber hinaus werden die Kosten für Unterkunft und Verpflegung von der gesetzlichen Pflegeversicherung nicht übernommen, das heißt im Falle der finanziellen Bedürftigkeit werden auch diesbezüglich die Kosten von den Trägern der Sozialhilfe bei häuslicher Pflege nach dem Dritten oder Vierten Kapitel des SGB XII und bei stationärer Pflege zu tragen sein, während die Leistungen zur Pflege in stationären Einrichtungen eine umfassende Versorgung beinhalten, gegliedert nach den Fachleistungen und den existenzsichernden Leistungen zum Lebensunterhalt (Unterkunft und Verpflegung).

Die begrenzten Leistungen der sozialen Pflegeversicherung werden somit auch in Zukunft das ergänzende System der Hilfe zur Pflege erfordern, damit der pflegerische Bedarf von Pflegebedürftigen im Fall der finanziellen Bedürftigkeit umfassend sichergestellt ist.

Gegenüber dem *bisherigen* Recht unverändert setzen die Leistungen der Hilfe zur Pflege neben einer Pflegebedürftigkeit aufgrund des allgemeinen Nachranggrundsatzes des § 2 SGB XII für Leistungen der Sozialhilfe auch bei Pflegebedürftigen eine finanzielle Bedürftigkeit voraus.

Redaktionelle Anmerkung:

Leistungen der Hilfe zur Pflege können also nur beansprucht werden, soweit das dem Pflegebedürftigen zuzurechende Einkommen und Vermögen die Grenzen nach §§ 85, 90 SGB XII nicht übersteigt; siehe dazu die Erläuterung am Ende dieses Kapitels.

§ 61a SGB XII: Begriff der Pflegebedürftigkeit

Wortlaut in der Fassung ab 1. Januar 2017

2

§ 61a Begriff der Pflegebedürftigkeit

(1) Pflegebedürftig sind Personen, die gesundheitlich bedingte Beeinträchtigungen der Selbständigkeit oder der Fähigkeiten aufweisen und deshalb der Hilfe durch andere bedürfen. Pflegebedürftige Personen im Sinne des Satzes 1 können körperliche, kognitive oder psychische Beeinträchtigungen oder gesundheitlich bedingte Belastungen oder Anforderungen nicht selbständig kompensieren oder bewältigen.

(2) Maßgeblich für die Beurteilung der Beeinträchtigungen der Selbständigkeit oder Fähigkeiten sind die folgenden Bereiche mit folgenden Kriterien:

1. Mobilität mit den Kriterien
   a) Positionswechsel im Bett,
   b) Halten einer stabilen Sitzposition,
   c) Umsetzen,
   d) Fortbewegen innerhalb des Wohnbereichs,
   e) Treppensteigen;
2. kognitive und kommunikative Fähigkeiten mit den Kriterien
   a) Erkennen von Personen aus dem näheren Umfeld,
   b) örtliche Orientierung,
   c) zeitliche Orientierung,
   d) Erinnern an wesentliche Ereignisse oder Beobachtungen,
   e) Steuern von mehrschrittigen Alltagshandlungen,
   f) Treffen von Entscheidungen im Alltagsleben,
   g) Verstehen von Sachverhalten und Informationen,
   h) Erkennen von Risiken und Gefahren,
   i) Mitteilen von elementaren Bedürfnissen,
   j) Verstehen von Aufforderungen,
   k) Beteiligen an einem Gespräch;
3. Verhaltensweisen und psychische Problemlagen mit den Kriterien
   a) motorisch geprägte Verhaltensauffälligkeiten,
   b) nächtliche Unruhe,
   c) selbstschädigendes und autoaggressives Verhalten,

d) Beschädigen von Gegenständen,

e) physisch aggressives Verhalten gegenüber anderen Personen,

f) verbale Aggression,

g) andere pflegerelevante vokale Auffälligkeiten,

h) Abwehr pflegerischer und anderer unterstützender Maßnahmen,

i) Wahnvorstellungen,

j) Ängste,

k) Antriebslosigkeit bei depressiver Stimmungslage,

l) sozial inadäquate Verhaltensweisen,

m) sonstige pflegerelevante inadäquate Handlungen;

4. Selbstversorgung mit den Kriterien

a) Waschen des vorderen Oberkörpers,

b) Körperpflege im Bereich des Kopfes,

c) Waschen des Intimbereichs,

d) Duschen und Baden einschließlich Waschen der Haare,

e) An- und Auskleiden des Oberkörpers,

f) An- und Auskleiden des Unterkörpers,

g) mundgerechtes Zubereiten der Nahrung und Eingießen von Getränken,

h) Essen,

i) Trinken,

j) Benutzen einer Toilette oder eines Toilettenstuhls,

k) Bewältigen der Folgen einer Harninkontinenz und Umgang mit Dauerkatheter und Urostoma,

l) Bewältigen der Folgen einer Stuhlinkontinenz und Umgang mit Stoma,

m) Ernährung parenteral oder über Sonde,

n) Bestehen gravierender Probleme bei der Nahrungsaufnahme bei Kindern bis zu 18 Monaten, die einen außergewöhnlich pflegeintensiven Hilfebedarf auslösen;

5. Bewältigung von und selbständiger Umgang mit krankheits- oder therapiebedingten Anforderungen und Belastungen in Bezug auf

2

a) Medikation,
b) Injektionen,
c) Versorgung intravenöser Zugänge,
d) Absaugen und Sauerstoffgabe,
e) Einreibungen sowie Kälte- und Wärmeanwendungen,
f) Messung und Deutung von Körperzuständen,
g) körpernahe Hilfsmittel,
h) Verbandswechsel und Wundversorgung,
i) Versorgung mit Stoma,
j) regelmäßige Einmalkatheterisierung und Nutzung von Abführmethoden,
k) Therapiemaßnahmen in häuslicher Umgebung,
l) zeit- und technikintensive Maßnahmen in häuslicher Umgebung,
m) Arztbesuche,
n) Besuch anderer medizinischer oder therapeutischer Einrichtungen,
o) zeitlich ausgedehnte Besuche medizinischer oder therapeutischer Einrichtungen,
p) Besuche von Einrichtungen zur Frühförderung bei Kindern,
q) Einhalten einer Diät oder anderer krankheits- oder therapiebedingter Verhaltensvorschriften;

6. Gestaltung des Alltagslebens und sozialer Kontakte mit den Kriterien
   a) Gestaltung des Tagesablaufs und Anpassung an Veränderungen,
   b) Ruhen und Schlafen,
   c) Sichbeschäftigen,
   d) Vornehmen von in die Zukunft gerichteten Planungen,
   e) Interaktion mit Personen im direkten Kontakt,
   f) Kontaktpflege zu Personen außerhalb des direkten Umfelds

Gesetzesbegründung zum PSG III (Drs. 18/9518, S. 83)

Zu Absatz 1

Ausgangslage

Im Koalitionsvertrag zwischen CDU/CSU und SPD für die 18. Legislaturperiode *war* die bessere Anerkennung der Pflegebedürftigkeit vorgesehen. Dazu *sollte* basierend auf den Empfehlungen des Expertenbeirats der neue Pflegebedürftigkeitsbegriff so schnell wie möglich eingeführt werden. Zur Umsetzung der ersten Stufe der Pflegereform ist am 1. Januar 2015 das PSG I in Kraft getreten, mit dem u. a. die bestehenden Betreuungsleistungen weiter ausgebaut und auf alle Pflegebedürftigen ausgeweitet wurden.

Mit dem PSG II *wurde* der neue Pflegebedürftigkeitsbegriff mit Wirkung vom 1. Januar 2017 in die soziale Pflegeversicherung eingeführt.

Inhalt des Pflegebedürftigkeitsbegriffs

Mit Absatz 1 *wurde* der neue Pflegebedürftigkeitsbegriff zum 1. Januar 2017 auch in die Hilfe zur Pflege eingeführt.

Pflegebedürftig sind *nun* Personen, die gesundheitlich bedingte Beeinträchtigungen der Selbständigkeit oder der Fähigkeiten aufweisen und deshalb der Hilfe durch andere bedürfen.

Gegenüber dem *bisherigen* Recht bedeutet dies eine deutliche Erweiterung, als nicht mehr vorrangig nur Menschen mit körperlichen Beeinträchtigungen als pflegebedürftig im Sinne der Hilfe zur Pflege eingestuft werden, sondern auch Personen mit kognitiven und psychischen Beeinträchtigungen, soweit dies Beeinträchtigungen der Selbständigkeit oder Fähigkeiten verursacht.

Der neue Pflegebedürftigkeitsbegriff kommt insbesondere Personen mit einer erheblich eingeschränkten Alltagskompetenz zugute. Für diesen Personenkreis *wurden* in der Hilfe zur Pflege bisher keine besonderen zusätzlichen Leistungen (entsprechend den bisherigen §§ 45b und 87b SGB XI *a. F.)* durch die Träger der Sozialhilfe gewährt, da die den Leistungen zugrunde liegenden Beeinträchtigungen nicht vom *bisher* geltenden Pflegebedürftigkeitsbegriffs erfasst *wurden* und daher auch nicht Leistungen der Hilfe zur Pflege begründen *konnten*. Diese Leistungen *wurden* daher *bisher* als zusätzliche Leistungen nur durch die Pflegekassen an ihre Versicherten erbracht.

Absatz 1 ist mit Ausnahme der zeitlichen Untergrenze des SGB XI inhaltsgleich mit der entsprechenden Vorschrift für die gesetzliche Pflegeversicherung in § 14 Absatz 1 SGB XI. Gegenüber dem *bisherigen* Recht werden damit die Voraussetzungen weiter aneinander angeglichen. Der *bis 31.12.2016* geltende Pflegebedürftigkeitsbegriff des SGB XII *war* insoweit umfassender als der *zu diesem Zeitpunkt* geltende Pflegebedürftigkeitsbegriff des SGB XI, als auch Leistungen in den Fällen erbracht werden können, in denen voraussichtlich für weniger als sechs Monate die Voraussetzungen einer Pflegebedürftigkeit *vorlagen*. Darüber hinaus *erhielten* nach dem *bisherigen* Recht auch die Personen Hilfe zur Pflege, die einen geringeren Hilfebedarf *hatten*, als ihn die Pflegeversicherung *voraussetzte*, oder die der Hilfe für andere als die gewöhnlichen und regelmäßig wiederkehrenden Verrichtungen *bedurften*.

Im Zuge der Umstellung von drei Pflegestufen auf fünf Pflegegrade werden die Leistungssysteme von SGB XII und SGB XI angeglichen, als pflegebedürftig im Sinne der Hilfe zur Pflege nur solche Personen sind, die in einen Pflegegrad eingestuft werden. Personen, die im Begutachtungsverfahren weniger als 12,5 Gesamtpunkte erhalten und daher keinen Pflegegrad erreichen, werden künftig keine Leistungen der Hilfe zur Pflege erhalten. Damit ist gegenüber dem *bisherigen* Recht jedoch keine Verschlechterung verbunden, da trotz des weiter reichenden Charakters des *bisherigen* § 61 SGB XI die dort enthaltenen Bestimmungen durch den neuen Pflegebedürftigkeitsbegriff abgedeckt werden. Bereits der Beirat zur Überprüfung des Pflegebedürftigkeitsbegriffs ist in seinem Umsetzungsbericht davon ausgegangen, dass Personen, deren ermittelter Gesamtpunktwert unter dem Schwellenwert von 15 Punkten liegt, lediglich geringfügige Selbständigkeitseinbußen aufweisen (vgl. Umsetzungsbericht, S. 19), die aus pflegewissenschaftlicher Sicht keine Leistungen rechtfertigen. Die Schwelle zum Pflegegrad sei so festgelegt worden, dass Personen, die fachlich als pflegebedürftig gelten, aber nur verhältnismäßig geringe Beeinträchtigungen aufweisen, einbezogen werden können. Im vorliegenden Gesetzentwurf wird die Schwelle für den Pflegegrad

1 zugunsten der Betroffenen – in Übereinstimmung mit dem SGB XI – auf 12,5 Gesamtpunkte festgelegt. Ein pflegerischer Bedarf, der Leistungen der Hilfe zur Pflege auch unterhalb dieses Gesamtpunktwertes erfordert, kann daher pflegewissenschaftlich nicht begründet werden. Andere Leistungen der Sozialhilfe, wie etwa die Hilfe zur Weiterführung des Haushalts, blieben möglich.

Redaktionelle Anmerkung:

Mit der Neuformulierung von § 61 und § 61a SGB XII ist die bisherige Öffnungsklausel entfallen. § 61 Abs. 1 Satz 2 enthielt noch den die Fallvariante des „geringeren Bedarfs" („Hilfe zur Pflege ist auch Kranken und behinderten Menschen zu leisten, die ... einen geringeren Bedarf als nach Satz 1 haben.."). Diese Fallvariante ist nunmehr entfallen. Hilfe zur Pflege erhalten nur noch Bedürftige, deren Defizite so groß sind, dass sie in einen Pflegegrad eingestuft sind oder eingestuft werden können.

Leistungen im Rahmen der Hilfe zur Pflege sind nur noch möglich, wenn mindestens ein Pflegegrad 1 vorliegt (siehe auch §§ 61b, 63), der nach Maßgabe des neuen Begutachtungsinstruments einen Pflegebedarf von mindestens 12,5 Punkten vorsieht (siehe dazu auch Kapitel 1, Abschnitt Pflegestärkungsgesetz II). Damit keine Unterversorgung von Personen ohne pflegeradrelevanten Einschränkungen eintritt, sind im Rahmen der Sozialhilfe andere Hilfsmöglichkeiten zu prüfen (z. B. Hilfe zur Weiterführung im Haushalt, Hilfe in besonderen Lebenslagen).

Im Unterschied zum Pflegebedürftigkeitsbegriff nach dem SGB XI, demzufolge Pflegebedürftigkeit auf Dauer, voraussichtlich für mindestens sechs Monate, vorliegen muss, setzt die Pflegebedürftigkeit im Sinne des SGB XII auch künftig keine zeitliche Untergrenze voraus.

Redaktionelle Anmerkung:

Siehe dazu auch vorne die Begründung zu § 61 SGB XII.

Zu Absatz 2

Absatz 2 listet abschließend diejenigen sechs Bereiche auf, deren Grad der Beeinträchtigung der Selbständigkeit oder der Fähigkeitsstörungen für die Prüfung einer Pflegebedürftigkeit maßgeblich sind. Die Inhalte aller sechs Bereiche *(red. Anm.: Module)* werden wiederum durch eine abschließende Auflistung der Kriterien, die zur Begutachtung des Bereichs erforderlich sind, konkretisiert. Die Kriterien der Bereiche wurden im Rahmen der Arbeiten zum neuen Pflegebedürftigkeitsbegriff von der Pflegewissenschaft erarbeitet und erprobt. Sie entsprechen dem aktuellen Stand der Pflegewissenschaft.

Nummer 1 – Mobilität:

Der Bereich „Mobilität" umfasst die Fähigkeit zur Fortbewegung sowie zur Lageveränderung des Körpers. Im Hinblick darauf, dass die Beeinträchtigung der Fähigkeit zur Fortbewegung sich in fast allen Lebensbereichen auswirkt und häufig maßgeblich für den Verlust von Selbständigkeit bei der Durchführung von anderen Aktivitäten ist, wird der Bereich daher eigenständig bewertet.

Mit den in den Buchstaben a bis e genannten Kriterien werden zentrale Aspekte der Mobilität im innerhäuslichen Bereich erfasst, denen für die Beurteilung der Selbständigkeit eine besondere Bedeutung zukommt.

Redaktionelle Anmerkung:

Maßgeblich ist, ob der Antragsteller in der Lage ist, ohne personelle Unterstützung eine Körperhaltung einzunehmen bzw. zu wechseln und sich fortzubewegen. Es werden lediglich Aspekte wie Körperkraft, Balance, Bewegungskoordination usw. beurteilt und nicht die zielgerichtete Fortbewegung. Es werden nicht die Folgen kognitiver Beeinträchtigungen berücksichtigt.

Wichtige Fragestellungen sind daher: Wie selbstständig kann sich der Mensch fortbewegen und seine Körperhaltung ändern? Ist das Fortbewegen in der Wohnung möglich? Wie sieht es mit Treppen steigen aus?

Nummer 2 – Kognitive und kommunikative Fähigkeiten:

Der Bereich „Kognitive und kommunikative Fähigkeiten“ umfasst einen zweiten, für die Feststellung von Pflegebedürftigkeit zentralen Bereich individueller Fähigkeiten. Eine Beeinträchtigung dieser grundlegenden Funktionen hat grundsätzlich weitreichende Einschränkungen der Selbständigkeit zur Folge. Einbußen der kognitiven Fähigkeiten können einen umfangreichen Unterstützungsbedarf nach sich ziehen, der die Begleitung in der gesamten Lebensführung umfasst (Abschlussbericht des Instituts für Pflegewissenschaft an der Universität Bielefeld und des Medizinischen Dienstes der Krankenversicherung Westfalen-Lippe zur Hauptphase 1 – Entwicklung eines neuen Begutachtungsinstruments – vom 29. Februar 2008, S. 37).

Mit den Kriterien werden nahezu alle wesentlichen Dimensionen der kognitiven Fähigkeiten, die auch in einschlägigen psychometrischen Testverfahren berücksichtigt werden, erfasst (vgl. Abschlussbericht zur Hauptphase 1, S. 39).

Redaktionelle Anmerkung:

In diesem Bereich werden ausschließlich kognitive und kommunikative Fähigkeiten und Aktivitäten betrachtet. Maßgeblich sind Aspekte des Erkennens, Entscheidens oder des Steuerns von Aktivitäten und nicht deren motorische Umsetzung. Es ist unerheblich, ob ein zuvor selbständiger Erwachsener eine Fähigkeit verloren hat oder nie ausgebildet hat.

Wichtige Fragestellung ist daher: Wie häufig benötigt jemand Hilfe aufgrund von psychischen Problemen, beispielsweise bei aggressivem oder ängstlichem Verhalten?

Nummer 3 – Verhaltensweisen und psychische Problemlagen:

Im Hinblick auf die zunehmende Zahl von Menschen mit Demenz ist der Bereich „Verhaltensweisen und psychische Problemlagen“ von besonderer Bedeutung für die Beurteilung von Pflegebedürftigkeit. Die Kriterien werden vorrangig mit Hilfe von einschlägigen, spezifischen Assessmentinstrumente definiert (vgl. Abschlussbericht zur Hauptphase 1, S. 43). Die Verhaltensauffälligkeiten und psychischen Problemlagen können einen Unterstützungsbedarf u. a. in Form von Beobachtung, Motivierung, emotionaler Entlastung, Orientierungshilfen, Beschäftigung und Ansprache zur Folge haben.

Redaktionelle Anmerkung:

In diesem Bereich werden Verhaltensweisen und psychische Problemlagen als Folge von Gesundheitsproblemen betrachtet, die immer wieder auftreten und personelle Unterstützung erforderlich machen. Im Mittelpunkt steht die Frage, inwieweit der Antragsteller sein Verhalten ohne personelle Unterstützung steuern kann. Von fehlender „Selbststeuerung" ist auch dann auszugehen, wenn ein Verhalten zwar nach Aufforderung abgestellt wird, aber danach immer wieder aufs Neue auftritt, weil das Verbot nicht verstanden wird oder die Person sich nicht erinnern kann.

Wichtige Fragestellungen sind daher: Wie findet sich jemand örtlich und zeitlich zurecht? Kann der Betroffene für sich selbst Entscheidungen treffen? Kann der Mensch Gespräche führen und Bedürfnisse mitteilen?

Nummer 4 – Selbstversorgung:

Der Bereich der „Selbstversorgung" umfasst mit Ausnahme der hauswirtschaftlichen Tätigkeiten sämtliche Verrichtungsbereiche, anhand derer nach dem *bisher* geltenden Pflegebedürftigkeitsbegriff die Pflegebedürftigkeit eingeschätzt *wurde*. Die in Nummer 4 aufgeführten Kriterien lassen Rückschlüsse auf Fähigkeiten bzw. Beeinträchtigungen der Selbständigkeit auch bei anderen Aktivitäten zu (vgl. Abschlussbericht zur Hauptphase 1, S. 49).

Redaktionelle Anmerkung:

Die Einschätzung zur Selbstversorgung richtet sich danach, wie selbständig die Person wesentliche selbstversorgende Aktivitäten (Waschen, Ankleiden, Essen, Trinken, Toilette etc.) praktisch durchführen kann.

Wichtige Fragestellungen sind daher: Wie selbstständig kann sich der Mensch im Alltag versorgen bei der Körperpflege, beim Essen und Trinken, beim An- und Ausziehen?

Nummer 5 – Krankheits- oder therapiebedingten Anforderung und Belastungen:

Der Bereich „Bewältigung von und selbständiger Umgang mit krankheits- oder therapiebedingten Anforderung und Belastungen" beinhaltet verschiedenste krankheitsbezogene Aktivitäten und Maßnahmen. Im Unterschied zu den übrigen Bereichen können die Kriterien niemals alle gleichzeitig zutreffen. Wie dem Abschlussbericht zur Hauptphase 1 entnommen werden kann, steht das Kriterium der Medikation deutlich im Vordergrund, während die meisten übrigen Kriterien nur selten einschlägig sind (S. 58).

Redaktionelle Anmerkung:

In diesem Bereich geht es um die Durchführung ärztlich angeordneter Maßnahmen, die gezielt auf eine bestehende Erkrankung oder Behinderung ausgerichtet und für voraussichtlich mindestens sechs Monate erforderlich sind. Die ärztliche Anordnung kann sich auch auf nicht verschreibungspflichtige Medikamente oder äußerliche Anwendungen oder Übungsbehandlungen beziehen.

Maßgeblich ist, ob der Antragsteller die jeweilige Aktivität praktisch durchführen kann (z. B. Tablettenpackung selbst aufmachen kann, selbst zum Arzt gehen kann). Ist dies nicht der Fall, wird die Häufigkeit der erforderlichen Hilfe durch andere Personen dokumentiert (Anzahl pro Tag/pro Woche/pro Monat).

Es kommt also nicht darauf an, wie viele Medikamente genommen werden oder wie oft der Gepflegte zum Arzt muss. Ausschlaggebend ist, wie oft er zur Ausführung dieser Handlungen Hilfe braucht.

Beispiel: Werden die Tabletten einmal in der Woche vorbereitet und kann der Gepflegte diese jeden Tag selbständig einnehmen, so ist bei der Bewertung nur einmal wöchentlich anzugeben.

Wichtige Fragestellungen sind daher: Welche Unterstützung braucht der Mensch im Umgang mit seiner Krankheit und bei Behandlungen? Wie oft ist Hilfe bei Medikamentengabe, Verbandswechsel oder bei Arztbesuchen notwendig?

Nummer 6 – Gestaltung des Alltagslebens und sozialer Kontakte:

Der Bereich „Gestaltung des Alltagslebens und sozialer Kontakte" umfasst Kriterien, die mit Ausnahme des Kriteriums „Ruhen und Schlafen" (Buchstabe b) bisher bei der Beurteilung von Pflegebedürftigkeit nicht berücksichtigt worden sind.

Redaktionelle Anmerkung:

Maßgeblich ist, ob der Antragsteller die Aktivität in den in diesem Modul genannten Kriterien praktisch durchführen kann. Es ist unerheblich, ob die Beeinträchtigungen der Selbständigkeit aufgrund von Schädigungen somatischer oder mentaler Funktionen bestehen.

Wichtige Fragestellungen sind daher: Wie selbstständig kann der Mensch noch den Tagesablauf gestalten und planen oder Kontakte pflegen?

Die einzelnen Kriterien *wurden* durch den Spitzenverband Bund der Pflegekassen im Rahmen der neu zu erarbeitenden Begutachtungs-Richtlinien *konkretisiert*. Dabei *waren* neben den Vereinigungen der Träger der Pflegeeinrichtungen auf Bundesebene, dem Verband der privaten Krankenversicherung e.V., den Verbänden der Pflegeberufe auf Bundesebene auch die Bundesarbeitsgemeinschaft der überörtlichen Träger der Sozialhilfe sowie die kommunalen Spitzenverbände auf Bundesebene *beteiligt* (§ 17 Absatz 1 SGB XI).

Redaktionelle Anmerkung:

Die Richtlinien zum Verfahren der Feststellung der Pflegebedürftigkeit sowie zur pflegefachlichen Konkretisierung der Inhalte des Begutachtungsinstruments nach dem Elften Buch des Sozialgesetzbuches (Begutachtungs-Richtlinien – BRi) vom 15. April 2016 wurden am 17. Juni 2016 durch Schreiben des Bundesministeriums für Gesundheit genehmigt. Sie gelten seit 1. Januar 2017.

Abzurufen sind die Begutachtungs-Richtlinien auf den Seiten des Medizinischen Dienstes des Spitzenverbandes Bund der Krankenkassen e.V. (MDS): www.mds-ev.de.

§ 61b SGB XII: Pflegegrade

Wortlaut in der Fassung ab 1. Januar 2017

2

§ 61b Pflegegrade

(1) Für die Gewährung von Leistungen der Hilfe zur Pflege sind pflegebedürftige Personen entsprechend den im Begutachtungsverfahren nach § 62 ermittelten Gesamtpunkten in einen der Schwere der Beeinträchtigungen der Selbständigkeit oder der Fähigkeiten entsprechenden Pflegegrad einzuordnen:

1. Pflegegrad 1: geringe Beeinträchtigungen der Selbständigkeit oder der Fähigkeiten
   (ab 12,5 bis unter 27 Gesamtpunkte),
2. Pflegegrad 2: erhebliche Beeinträchtigungen der Selbständigkeit oder der Fähigkeiten
   (ab 27 bis unter 47,5 Gesamtpunkte),
3. Pflegegrad 3: schwere Beeinträchtigungen der Selbständigkeit oder der Fähigkeiten
   (ab 47,5 bis unter 70 Gesamtpunkte),
4. Pflegegrad 4: schwerste Beeinträchtigungen der Selbständigkeit oder der Fähigkeiten
   (ab 70 bis unter 90 Gesamtpunkte),
5. Pflegegrad 5: schwerste Beeinträchtigungen der Selbständigkeit oder Fähigkeiten mit besonderen Anforderungen an die pflegerische Versorgung
   (ab 90 bis 100 Gesamtpunkte).

(2) Pflegebedürftige mit besonderen Bedarfskonstellationen, die einen spezifischen, außergewöhnlich hohen Hilfebedarf mit besonderen Anforderungen an die pflegerische Versorgung aufweisen, können aus pflegefachlichen Gründen dem Pflegegrad 5 zugeordnet werden, auch wenn ihre Gesamtpunkte unter 90 liegen.

Gesetzesbegründung zum PSG III (Drs. 18/9518, S. 85)

Zu Absatz 1

Die bisherige Einteilung nach Pflegestufen *wurde* durch eine Einstufung nach Pflegegraden ersetzt. Ursprüngliche Überlegungen im Beirat zur Überprüfung des Pflegebedürftigkeitsbegriffs, eine Einteilung nach „Bedarfsgraden" einzuführen, wurden nicht weiterverfolgt, um deutlich zu machen, dass die Stufen des NBA den

Grad der Selbständigkeit, nicht aber den konkreten Bedarf innerhalb der Stufen abbilden (Expertenbeirat, S. 28).

Die Schwelle zum Pflegegrad 1 *wurde* so festgelegt, dass Personen, die fachlich als pflegebedürftig gelten, aber nur verhältnismäßig geringe Beeinträchtigungen aufweisen, einbezogen werden (vgl. Umsetzungsbericht, S. 18). Ursprünglich lag der Schwellenwert bei 10 Punkten. Im Rahmen einer Überprüfung der Bewertungssystematik hielten es die Gutachter für angeraten, eine übermäßige Sensitivität des NBA der Schwelle von „nicht pflegebedürftig" und „gering pflegebedürftig" eine Anhebung auf 15 Punkte vorzunehmen, um zu vermeiden, dass Versicherte mit geringfügigen Selbständigkeitseinbußen als „pflegebedürftig" eingestuft werden (vgl. Umsetzungsbericht, S. 19). Wie der Beirat weiter feststellte, hätte eine weitere Anhebung des Schwellenwerts auf 20 Punkte den Ausschluss solcher Personengruppe zur Folge, die nach pflegefachlichen Kriterien unbedingt als pflegebedürftig zu bezeichnen sind. Dies sind beispielsweise Personen, die in drei oder mehr der insgesamt sechs Module des NBA Beeinträchtigungen aufweisen (vgl. Umsetzungsbericht, S. 20).

Die Einteilung nach Pflegegraden in der Hilfe zur Pflege entspricht der des SGB XI (§ 15 Absatz 3 Satz 3). Dies gilt auch, soweit der Schwellenwert für den Pflegegrad 1 gegenüber den Empfehlungen des Expertenbeirats 2013 auf 12,5 Gesamtpunkte herabgesetzt wird. Die Herabsetzung des Schwellenwerts für den Pflegegrad 1 im Sinne des SGB XI wurde u. a. damit begründet, dass sich aufgrund der beiden Erprobungsstudien vom April 2015 eine etwas ungünstigere Verteilung der Pflegebedürftigen auf die Pflegegrade ergeben habe als im Rahmen der ersten Erprobung in den Jahren 2008 und 2009. Zur Wahrung der weitgehenden Identität zwischen SGB XI und SGB XII wird diese Herabsetzung auch im SGB XII nachvollzogen.

Der Schwellenwert zum Pflegegrad 2 wird so gelegt, dass die Anzahl der nach dem SGB XI leistungsberechtigten Personen, die diesen Schwellenwert erreicht bzw. darüber liegt, in der Größenordnung der Anzahl der *bisherigen* Leistungsberechtigten entspricht (vgl. Umsetzungsbericht, S. 18).

Der Schwellenwert zum Pflegegrad 3 wird unter Berücksichtigung der Schwellenwerte für die Pflegegrade 2 und 4 so gelegt, dass insgesamt eine pflegefachlich vertretbare Zuordnung entsteht.

Der Schwellenwert zum Pflegegrad 4 ist so definiert, dass ihn nur Personen mit schweren Beeinträchtigungen erreichen; dies wird vor allem auf Pflegebedürftige mit schweren kognitiven/psychischen Beeinträchtigungen zutreffen.

In Pflegegrad 5 werden diejenigen Pflegebedürftigen eingestuft, deren Selbständigkeit auf das Schwerste beeinträchtigt ist. Eine schwerste Beeinträchtigung liegt bei Pflegebedürftigen vor, denen anlässlich der Begutachtung Gesamtpunkte von mindestens 90 bescheinigt worden sind.

Darüber hinaus werden auch solche Pflegebedürftige unabhängig von den ermittelten Gesamtpunkten in den Pflegegrad 5 eingestuft, soweit ein besonders hoher Hilfebedarf besteht, der mit besonderen Anforderungen an die pflegerische Versorgung verbunden ist (vgl. Absatz 2).

Zu Absatz 2

Abweichend von Absatz 1 bestimmt Absatz 2, dass Pflegebedürftigen mit besonderen Bedarfskonstellationen dem Pflegegrad 5 zugeordnet werden, soweit ein besonders hoher Pflegebedarf besteht, der mit besonderen Anforderungen an die pflegerische Versorgung verbunden ist. Dies betrifft insbesondere Personen, deren Arme und Beine jeweils beide vollständig gebrauchsunfähig sind.

Der Expertenbeirat 2013 hatte u.a. nach Einholung einer Kurzexpertise von Bartholomeyczik & Höhrmann (April 2013) mit der „Gebrauchsunfähigkeit beider Arme und beider Beine" sowie mit „Ausgeprägten motorischen Verhaltensauffälligkeiten mit Selbst- oder Fremdgefährdung" zwei besondere Bedarfskonstellationen identifiziert, die eine Einstufung in Pflegegrad 5 unabhängig vom ermittelten Gesamtpunktwert rechtfertigten könnten. Im Rahmen der Praktikabilitätsstudie zur Einführung des Neuen Begutachtungsassessments zur Feststellung der Pflegebedürftigkeit nach dem SGB XI des Medizinischen Dienstes des Spitzenverbandes Bund der Krankenkassen e.V. (MDS) unter wissenschaftlicher

Begleitung der Hochschule für Gesundheit Bochum vom April 2015 konnte dies nur für die Bedarfskonstellation „Gebrauchsunfähigkeit beider Arme und beider Beine" bestätigt werden. Die Untersuchungen, die der Studie zugrunde lagen, rechtfertigen die Umsetzung einer besonderen Bedarfskonstellation „Gebrauchsunfähigkeit der Arme und Beine". Die Festlegung einer besonderen Bedarfskonstellation „Ausgeprägte motorische Verhaltensauffälligkeiten mit Selbst- oder Fremdgefährdung" sei dagegen nach Auswertung aller Daten inhaltlich nicht angemessen (vgl. S. 57). 2

Redaktionelle Anmerkung:

Die Begutachtungs-Richtlinien definieren näher, was mit „Gebrauchsunfähigkeit beider Arme und beider Beine" gemeint ist: umfasst ist nicht zwingend die Bewegungsunfähigkeit der Arme und Beine, die durch Lähmungen aller Extremitäten hervorgerufen werden kann. Ein vollständiger Verlust der Greif-, Steh- und Gehfunktion ist unabhängig von der Ursache zu bewerten. Dies kann z. B. auch bei Menschen im Wachkoma vorkommen oder durch hochgradige Kontrakturen, Versteifungen, hochgradigen Tremor und Rigor oder Athetose bedingt sein. Eine Gebrauchsunfähigkeit beider Arme und beider Beine liegt auch vor, wenn eine minimale Restbeweglichkeit der Arme noch vorhanden ist, z. B. die Person mit dem Ellenbogen noch den Joystick eines Rollstuhls bedienen kann, oder nur noch unkontrollierbare Greifreflexe bestehen (Auszug aus der BRi F 4.1.6).

Da für die Zukunft nicht ausgeschlossen werden kann, dass sich weitere Fallgestaltungen ergeben, die die Einstufung als besondere Bedarfskonstellation rechtfertigen, wird der Tatbestand nicht abschließend formuliert.

§ 61c SGB XII: Pflegegrade bei Kindern

Wortlaut in der Fassung ab 1. Januar 2017

§ 61c Pflegegrade bei Kindern

(1) Bei pflegebedürftigen Kindern, die 18 Monate oder älter sind, ist für die Einordnung in einen Pflegegrad nach § 61b der gesundheitlich bedingte Grad der Beeinträchtigungen ihrer Selbständigkeit und ihrer Fähigkeiten im Verhältnis zu altersentsprechend entwickelten Kindern maßgebend.

(2) Pflegebedürftige Kinder im Alter bis zu 18 Monaten sind in einen der nachfolgenden Pflegegrade einzuordnen:

1. Pflegegrad 2: ab 12,5 bis unter 27 Gesamtpunkte,
2. Pflegegrad 3: ab 27 bis unter 47,5 Gesamtpunkte,
3. Pflegegrad 4: ab 47,5 bis unter 70 Gesamtpunkte,
4. Pflegegrad 5: ab 70 bis 100 Gesamtpunkte.

Gesetzesbegründung zum PSG III (Drs. 18/9518, S. 86)

Zu Absatz 1

Kinder sind ihrem natürlichen Entwicklungsstand entsprechend auch dann hilfebedürftig, wenn sie nicht im pflegewissenschaftlichen Sinne pflegebedürftig sind. Zur Beurteilung des Umfangs der Beeinträchtigung ihrer Selbständigkeit oder Fähigkeiten ist daher ein anderer Vergleichsmaßstab als bei erwachsenen Pflegebedürftigen heranzuziehen.

Entsprechend dem *bisherigen* Recht (§ 64 Absatz 4 SGB XII *a. F.*) und der Regelung in § 15 Absatz 6 SGB XI wird daher auch zukünftig der Vergleich mit einem altersentsprechend entwickelten (gesunden) Kind maßgeblich sein.

Zu Absatz 2

Die Regelung des Absatzes 1 würde dazu führen, dass Kinder im Alter bis zu 18 Monaten aufgrund der bei allen Kindern in dieser Altersgruppe eigenen Unselbständigkeit regelmäßig keinen oder nur einen niedrigen Pflegegrad erreichen. Dies ist aus pflegewissenschaftlicher Sicht jedoch nicht angemessen.

Im Rahmen der Praktikabilitätsstudie zur Einführung des NBA vom April 2015 wurde festgestellt, dass der Pflegeaufwand von Kindern zwischen 0 und 18 Monaten vor allem im Bereich der Ernährung liegt. In Abweichung von § 61b SGB XII in Absatz 2 wird daher entsprechend der Regelung in § 15 Absatz 7 SGB XI bei der Zuordnung von Pflegegraden bei Kindern im Alter bis zu 18 Monaten eine Sonderregelung getroffen.

Demnach erfolgt die Zuordnung bei 12,5 bis unter 90 Gesamtpunkten grundsätzlich in einen um eine Stufe höheren Pflegegrad, als dies nach der Regel des § 61b Absatz 1 SGB XII der Fall ist.

§ 62 SGB XII: Ermittlung des Grades der Pflegebedürftigkeit

Wortlaut in der Fassung ab 1. Januar 2017

§ 62 Ermittlung des Grades der Pflegebedürftigkeit

Die Ermittlung des Pflegegrades erfolgt durch ein Begutachtungsinstrument nach Maßgabe des § 15 des Elften Buches. Die auf Grund des § 16 des Elften Buches erlassene Verordnung sowie die auf Grund des § 17 des Elften Buches erlassenen Richtlinien der Pflegekassen finden entsprechende Anwendung.

Gesetzesbegründung zum PSG III (Drs. 18/9518, S. 87)

Das Siebte Kapitel enthält bisher keine ausdrückliche Regelung, nach welchem Verfahren die Pflegebedürftigkeit zu beurteilen ist.

Mit dem neuen § 62 SGB XII wird nunmehr festgelegt, dass auch in Fällen, in denen ausschließlich Leistungen nach dem Siebten Kapitel des SGB XII in Betracht kommen, jedoch keine Leistungen nach dem SGB XI, das Begutachtungsinstrument nach § 15 des SGB XI zur Ermittlung des Grades der Pflegebedürftigkeit eingesetzt werden muss.

Die Anwendung eines identischen Begutachtungsverfahrens zur Ermittlung des Grades des Pflegebedürftigkeitsbegriffs ist zur Sicherstellung der Anwendung einheitlicher Kriterien und Maßstäbe zwingend.

Redaktionelle Anmerkung:

Anzuwenden sind also die pflegefachliche Konkretisierung und überwiegend abschließenden Definitionen der Begutachtungs-Richtlinien des MDS. Eine Verordnung, wie durch § 16 SGB XI ermöglicht, liegt aktuell nicht vor.

Allerdings: in gerichtlichen Auseinandersetzungen ist zu beachten, dass Gerichte generell nicht an die Inhalte von Richtlinien gebunden sind. Sie unterliegen daher der vollen richterlichen Kontrolle, ob sie mit dem Gesetz vereinbar sind.

§ 62a SGB XII: Bindungswirkung

Wortlaut in der Fassung ab 1. Januar 2017

§ 62a Bindungswirkung

Die Entscheidung der Pflegekasse über den Pflegegrad ist für den Träger der Sozialhilfe bindend, soweit sie auf Tatsachen beruht, die bei beiden Entscheidungen zu berücksichtigen sind. Bei seiner Entscheidung kann sich der Träger der Sozialhilfe der Hilfe sachverständiger Dritter bedienen. Auf Anforderung unterstützt der Medizinische Dienst der Krankenversicherung den Träger der Sozialhilfe bei seiner Entscheidung und erhält hierfür Kostenersatz, der zu vereinbaren ist.

Gesetzesbegründung zum PSG III (Drs. 18/9518, S. 87)

Nach *bisherigem* Recht des § 62 SGB XII *a. F.* haben die Träger der Sozialhilfe die Entscheidung der Pflegekasse über das Ausmaß der Pflegebedürftigkeit ihrer eigenen Entscheidung im Rahmen der Hilfe zur Pflege zugrunde zu legen, soweit sie auf Tatsachen beruht, die bei beiden Entscheidungen zu berücksichtigen sind. In der Praxis war zum Teil unklar, wie der Begriff des „Ausmaß" zu verstehen ist. Zur Klarstellung bestimmt der neue § 62a, dass die Entscheidung der Pflegekasse, in den Fällen, in denen sie auf Tatsachen beruht, die bei beiden Entscheidungen zu berücksichtigen sind, nicht nur zugrunde zu legen, sondern bindend ist.

Die Bindungswirkung betrifft nur die Einordnung in den Pflegegrad; Inhalt und Umfang der Leistungen der Träger der Sozialhilfe ergeben sich aus den Vorschriften des Siebten Kapitels.

Zugleich wird damit eine unterschiedliche Beurteilung desselben Sachverhalts durch Pflegekasse und Träger der Sozialhilfe ausgeschlossen. Die gesetzliche Bindungswirkung dient zugleich auch der Entbürokratisierung und Beschleunigung des Verwaltungsverfahrens, indem Doppelbegutachtungen in den weitaus überwiegenden Fällen vermieden werden können.

Redaktionelle Anmerkung:

In § 62a ist nun eine echte Bindungswirkung hinsichtlich der Einstufung in einen Pflegegrad formuliert, soweit der Verwaltungsakt der Pflegekassen auf Tatsachen beruht, die sowohl von den Pflegekassen als auch vom Träger der Hilfe zur Pflege bei der Bedarfsermittlung zu berücksichtigen ist.

§ 62a betrifft also die Fälle, in denen die Hilfe zur Pflege beantragende Person aufgrund eines Versicherungsverhältnisses Ansprüche gegen die Pflegekasse hat. Da in § 61 SGB XI n. F. ein im Vergleich zur Pflegeversicherung erweiterter Pflegebedürftigkeitsbegriff formuliert ist, gilt diese Bindungswirkung nur in dem Ausmaß, in dem der Leistungsbescheid der Pflegekasse auf Tatsachen beruht, die bei beiden Entscheidungen zu berücksichtigen ist. Diese Bindungswirkung enthebt den Träger der Hilfe zur Pflege von seinem Amtsermittlungsgrundsatz (§ 20 SGB X).

Die Bindungswirkung tritt aber nur ein, wenn von der Pflegekasse ein bestandskräftiger Leistungsbescheid (Verwaltungsakt, § 31 SGB X) vorliegt. Fand zwar die Begutachtung durch den MDK statt, steht aber die Entscheidung der Pflegekasse noch aus, ist noch keine Bindungswirkung gegeben. Besteht eine Dringlichkeit, muss der Sozialhilfeträger in diesen Fällen ggf. den Sachverhalt selbst ermitteln (§§ 20, 21 SGB X).

Die Bindungswirkung gilt nur für das Einstufungsergebnis, also die Vergabe eines Pflegegrades. Sie gilt nicht für die Gewährung von Leistungen bzw. den Leistungsumfang sowie für die richtige Leistungsart (ambulant, teilstationär, vollstationär). Hier hat weiterhin eine eigenständige Bedarfsermittlung vom Sozialhilfeträger zu erfolgen (siehe § 63a SGB XII n. F.).

Eine Bindungswirkung kann auch nur ein Leistungsbescheid der gesetzlichen Pflegekassen entfalten. Private Pflegeversicherungen fallen nicht unter den Begriff „Pflegekasse“, sie erlassen keinen öffentlich-rechtlichen Verwaltungsakt.

Die Bindungswirkung erlischt, wenn der Versicherungsschutz des Pflegebedürftigen entfällt (Mergler/Zink, § 62 Rn. 4).

Im Falle eines Höherstufungsantrages, den der Versicherte wegen Verschlimmerung seines Zustandes bei der Pflegekasse stellt, kann nach Bewilligung eines höheren Pflegegrades durch die Pflegekasse eine rückwirkende Zahlung erfolgen.

Dieser neue Pflegegrad entfaltet dann zwar bindende Wirkung für den Sozialhilfeträger; dies gilt allerdings erst ab Kenntnis der leistungsbegründenden Umstände zur Gewährung von Hilfe zur Pflege, z. B. durch Anzeige des Leistungsbeziehers, dass ein aufgrund der Verschlimmerung des Gesundheitszustandes ein höherer Pflegebedarf vorliegt (BSG v. 02.02.2012, B 8 SO 5/10 R). Sozialhilferechtliche Leistungen sind nicht für die Vergangenheit zu erbringen, es gilt der in § 18 SGB XII niedergelegte Grundsatz.

Erfolgt aufgrund einer Wiederholungsbegutachtung eine Verringerung des Pflegegrades, ist der Bezieher von Hilfe zur Pflege aufgrund seiner Mitwirkungspflichten verpflichtet, diesen neuen Bescheid mit der Herabstufung an den Träger der Sozialhilfe zu melden. Auch in diesen Fällen hat durch den Sozialhilfeträger eine neue Bedarfsfeststellung zu erfolgen.

Satz 2 betrifft die Fälle, in denen keine Entscheidung der Pflegekasse über das Ausmaß der Pflegebedürftigkeit vorliegt. Die Träger der Sozialhilfe haben in diesen Fällen in eigener Verantwortung den Grad der Pflegebedürftigkeit unter Einsatz des Begutachtungsinstruments nach § 62 zu ermitteln. Satz 2 stellt klar, dass sie Sachverständige hinzuziehen dürfen. Als Sachverständiger kommt hier insbesondere der MDK in Betracht, der gemäß § 18 SGB XI von den Pflegekassen mit der Prüfung beauftragt werden kann, ob die Voraussetzungen der Pflegebedürftigkeit bei Versicherten erfüllt sind und welcher Pflegegrad vorliegt.

§ 63 SGB XII: Leistungen für Pflegebedürftige

Wortlaut in der Fassung ab 1. Januar 2017

§

2

§ 63 Leistungen für Pflegebedürftige

(1) Die Hilfe zur Pflege umfasst für Pflegebedürftige der Pflegegrade 2, 3, 4 oder 5

1. häusliche Pflege in Form von
   a) Pflegegeld (§ 64a),
   b) häuslicher Pflegehilfe (§ 64b),
   c) Verhinderungspflege (§ 64c),
   d) Pflegehilfsmitteln (§ 64d),
   e) Maßnahmen zur Verbesserung des Wohnumfeldes (§ 64e),
   f) anderen Leistungen (§ 64f),
2. teilstationäre Pflege (§ 64g),
3. Kurzzeitpflege (§ 64h),
4. einen Entlastungsbetrag (§ 64i) und
5. stationäre Pflege (§ 65).

Die Hilfe zur Pflege schließt Sterbebegleitung mit ein.

(2) Die Hilfe zur Pflege umfasst für Pflegebedürftige des Pflegegrades 1

1. Pflegehilfsmittel (§ 64d),
2. Maßnahmen zur Verbesserung des Wohnumfeldes (§ 64e) und
3. einen Entlastungsbetrag (§ 66).

(3) Die Leistungen der Hilfe zur Pflege sind auf Antrag auch als Teil eines Persönlichen Budgets zu erbringen. § 17 Absatz 2 bis 4 des Neunten Buches in Verbindung mit der Budgetverordnung und § 159 Absatz 5 des Neunten Buches sind insoweit anzuwenden.

Gesetzesbegründung zum PSG III (Drs. 18/9518, S. 87)

Durch den Begriff der Pflegebedürftigkeit und das NBA wird der Rahmen für Umfang, Arten und Inhalte der Leistungen der Pflegversicherung gesetzt. Wie der Expertenbeirat zur konkreten Ausgestaltung des Pflegebedürftigkeitsbegriffs in seinem Abschlussbericht vom 27. Juni 2013 feststellt, gibt „es keine wissenschaftlich gesicherten, objektiven Kriterien zur Bewertung" des

Pflegebedarfs. „Zudem sind die Versorgungssituationen und damit die Gesamtaufwände beim gleichen Grad der Beeinträchtigung insbesondere in der ambulant-häuslichen Versorgung je nach Wohn- und familiärer Situation sehr unterschiedlich" (vgl. Expertenbeirat, S. 9, Ziff. 11, S. 47). Der Umfang der Leistungen korrespondiert aber grundsätzlich mit dem Grad und damit der Schwere der Pflegebedürftigkeit. Bezüglich Art und der Inhalt der Leistungen werden diejenigen Maßnahmen der Grundpflege, hauswirtschaftlichen Versorgung und häuslichen Betreuung konkretisiert, die mit den im NBA beschriebenen Beeinträchtigungen übereinstimmen (Expertenbeirat 2013, S. 30).

Die Leistungen der Hilfe zur Pflege entsprechen weitgehend den Leistungsarten der Pflegeversicherung. Gegenüber dem *bisherigen* Recht der Hilfe zur Pflege *wurden* die Leistungen im neuen Recht der Hilfe zur Pflege merklich erweitert.

Redaktionelle Anmerkung:

Wie die Gesetzesbegründung ausführt, wird der in der Hilfe zur Pflege zur Verfügung stehende Leistungskatalog erstmals ausführlich und gleichzeitig abschließend beschrieben. Viele der nun aufgeführten Leistungen wurden auch bisher schon erbracht, sie waren im Siebten Kapitel aber nicht explizit aufgeführt; deren Rechtsgrundlage ergab sich aus der Auslegung des früheren § 65 SGB XII (Andere Leistungen).

Der neue Leistungskatalog entspricht „weitgehend" dem Leistungskatalog der sozialen Pflegeversicherung (§ 28 SGB XI). Es bestehen also durchaus Abweichungen:

Im Leistungskatalog ist kein Wohngruppenzuschlag genannt (in der Pflegeversicherung ist dieser nach § 38a SGB XI zu gewähren). Lebt ein Antragsteller in einer ambulant betreuten Wohngruppe, so können aber Bedarfe im Rahmen der häuslichen Pflegehilfe berücksichtigt werden (siehe dazu auch die Gesetzesbegründung unten zu Absatz 1). Ein Pauschalbetrag bzw. pauschaler Zuschlag dagegen ist im Sozialhilferecht an sich wesensfremd.

Bei der stationären Pflege sind Leistungen für die Betreuung und Aktivierung nicht enthalten (siehe § 63 Abs. 1 Nr. 5

i. V. m. § 65 SGB XII). Zusätzliche Betreuung und Aktivierung in stationären Pflegeeinrichtungen wird nur Versicherten in der sozialen Pflegeversicherung geleistet. Sie ist kein Bestandteil der Hilfe zur Pflege für den nichtversicherten Personenkreis.

Zugleich *wurde* aufgrund der identischen Pflegebedürftigkeitsbegriffe von SGB XI und SGB XII der Inhalt der Leistungen der Hilfe zur Pflege auf die sog. Betreuungsleistungen erstreckt. Die Träger der Sozialhilfe *erbringen nun* zur Umsetzung des neuen Pflegebedürftigkeitsbegriffs sowohl ambulant als auch stationär entsprechende Betreuungsleistungen bedarfsdeckend.

Die im neuen § 63 genannten Leistungen für Pflegebedürftige, die im Rahmen der Hilfe zur Pflege durch die Träger der Sozialhilfe erbracht werden, richten sich nach der Besonderheit des Einzelfalls (§ 9 SGB XII, *red. Anm.: Besonderheiten und Wunsch- und Wahlrecht*). Die Vorschrift überträgt im Wesentlichen inhaltsgleich den bisherigen § 61 Absatz 2. Der Leistungskatalog des § 63 ist abschließend; unberührt bleiben weitere Leistungen nach anderen Vorschriften des SGB XII. Die näheren Einzelheiten der einzelnen Leistungen der Hilfe zur Pflege werden in den neuen §§ 64a ff geregelt. § 2 bleibt unberührt *(red. Anm.: gemeint ist der Nachranggrundsatz in der Sozialhilfe)*.

Zu Absatz 1

Im Hinblick darauf, dass die Beeinträchtigungen der Selbständigkeit oder der Fähigkeiten im Sinne des § 61a bei Personen des Pflegegrades 1 gering ausgeprägt sind, werden die Leistungen der Hilfe zur Pflege – wie auch im vorrangigen System der sozialen Pflegeversicherung – grundsätzlich für die Pflegegrade 2, 3, 4 oder 5 gewährt.

Der Katalog des Absatz 1 enthält alle Leistungen der Hilfe zur Pflege für Pflegebedürftige der Pflegegrade 2, 3, 4 oder 5. Als häusliche Pflege werden im Rahmen der Hilfe zur Pflege wie bisher schon das Pflegegeld, die häusliche Pflegehilfe, Verhinderungspflege, Pflegehilfsmittel, Maßnahmen zur Verbesserung des Wohnumfeldes und andere Leistungen erbracht.

Die Verhinderungspflege wird zwar bisher nicht ausdrücklich im geltenden § 61 Absatz 2 als eigene Leistung genannt, konnte aber schon jetzt aufgrund des *bisherigen* § 65 Absatz 1 Satz 2 SGB XII *a. F.* durch die Träger der Sozialhilfe erbracht werden.

Darüber hinaus kommen für Pflegebedürftige der Pflegegrade 2 bis 5 als weitere Leistungen die teilstationäre Pflege, Kurzzeitpflege und die stationäre Pflege in Betracht. Darüber hinaus haben Pflegebedürftige der Pflegegrade 2 bis 5 einen Anspruch auf einen Entlastungsbetrag in Höhe von bis zu 125 Euro monatlich. Der Entlastungsbetrag kann über den notwendigen Bedarf hinausgehen. Vor dem Hintergrund des neuen Pflegebedürftigkeitsbegriffs wird hier eine über den notwendigen pflegerischen Bedarf hinausgehende, zusätzliche Leistung gewährt; eine Entlastung von Pflegepersonen erfolgt auch bereits durch bestehende Leistungen der Hilfe zur Pflege wie Verhinderungspflege, Kurzzeitpflege und teilstationäre Pflege. Mit der Ausgestaltung als zusätzliche Leistung soll Pflegepersonen jedoch die Möglichkeit eröffnet werden, insbesondere niedrigschwellige Angebote in Anspruch nehmen zu können.

Soweit das im Einzelfall erforderlich ist, kann bei den Leistungen der häuslichen Pflegehilfe ein notwendiger Bedarf in ambulant betreuten Wohngruppen im Sinne des § 38a Absatz 1 Satz 1 Nummer 3 SGB XI berücksichtigt werden. Eine gesonderte Anspruchsgrundlage auf einen pauschalen Zuschlag für Pflegebedürftige im ambulant betreuten Wohngruppen ist daher in der Hilfe zur Pflege nicht erforderlich.

Satz 2 übernimmt inhaltsgleich die entsprechende Vorschrift des § 28 SGB XI *(Geltung ab 1.1.2017)*. Mit ihr wird klargestellt, dass pflegerische Maßnahmen der Sterbebegleitung Bestandteil der ambulanten und stationären Pflege sind. Auch insoweit gilt das Nachrangprinzip der Sozialhilfe gegenüber gleichartigen Leistungen anderer Sozialleistungsträger.

Redaktionelle Anmerkung:

Gemeint sind hier insbesondere palliativmedizinische Leistungen sowie eine Hospizversorgung, die überwiegend von den Krankenkassen zu bezahlen ist (z. B. häusliche Krankenpflege für die Palliativversorgung, diese kann seit Dezember 2015 auch länger als für die bis dahin möglichen vier Wochen verordnet werden; spezialisierte ambulante Palliativversorgung, sog. SAPV-Leistungen).

Zu Absatz 2

2 Aufgrund der nur geringen Ausprägung der Beeinträchtigungen der Selbständigkeit oder der Fähigkeiten erhalten Pflegebedürftige des Pflegegrades 1 nur eingeschränkte Leistungen entsprechend dem Leistungskatalog des Absatzes 2. Erbracht werden Leistungen der Hilfe zur Pflege, die dazu beitragen sollen, den Verbleib in der häuslichen Umgebung auch für Pflegebedürftige sicherzustellen. Wie andere Pflegebedürftige können auch Pflegebedürftige des Pflegegrades 1 sowohl Pflegehilfsmittel als auch Maßnahmen zur Verbesserung des Wohnumfeldes erhalten. Darüber hinaus erhalten Pflegebedürftige des Pflegegrades 1 nach Maßgabe des neuen § 66 einen Entlastungsbetrag in Höhe von maximal 125 Euro monatlich. Mit diesen Leistungen wird der notwendige pflegerische Bedarf nach den Vorschriften zur Pflege umfassend abgedeckt. Darüber hinaus haben Pflegebedürftige des Pflegegrades 1 daher keinen Anspruch auf weitere Leistungen im Rahmen der Hilfe zur Pflege.

Redaktionelle Anmerkung:

Im Vergleich zu den Pflegeversicherungsleistungen erhalten in Pflegegrad 1 Eingestufte im Rahmen der Hilfe zur Pflege nur ein eingeschränktes Leistungsangebot.

Nach § 28a SGB XI besteht der Leistungskatalog für Versicherte in der sozialen Pflegeversicherung mit Pflegegrad 1 aus folgenden Leistungen; nicht im Katalog der Hilfe zur Pflege enthaltene Leistungen sind kursiv markiert:

- *Pflegeberatung (§ 28a Abs. 1 i. V. m. §§ 7a, 7b SGB XI)*
- *Beratung in der eigenen Häuslichkeit (§ 28a Abs. 1 i. V. m. § 37 Abs. 3 SGB XI)*
- *pauschaler Wohngruppenzuschlag (§ 28a Abs. 1 i. V. m. § 38a SGB XI)*

- Versorgung mit Pflegehilfsmitteln (§ 28a Abs. 1 i. V. m. § 40 SGB XI)
- Wohnumfeld verbessernde Maßnahmen (§ 28a Abs. 1 i. V. m. § 40 SGB XI)
- *Zusätzliche Betreuung und Aktivierung in stationären Pflegeeinrichtungen (§ 28a Abs. 1 i. V. m. § 43b SGB XI)*
- *Pflegekurse für Angehörige und ehrenamtliche Pflegepersonen (§ 28a Abs. 1 i. V. m. § 45 SGB XI)*
- Entlastungsbetrag in Höhe von 125 Euro monatlich (§ 28a Abs. 2 i. V. m. § 45b Abs. 1 Satz 1 SGB XI)
- *Zuschuss in Höhe von 125 Euro monatlich bei vollstationärer Pflege (§ 28a Abs. 3 i. V. m. § 43 Absatz 3)*

Unberührt bleiben Leistungen nach anderen Vorschriften des SGB XII wie z. B. die Hilfe zur Weiterführung des Haushalts nach § 70 SGB XII, die auch Pflegebedürftigen des Pflegegrades 1 gewährt werden können.

Redaktionelle Anmerkung:

Die Regelungen der Hilfe zur Weiterführung des Haushalts ist durch das PSG III insoweit geändert worden als, dass nun auch Alleinstehende als Leistungsempfänger in Frage kommen. In der Praxis wurde der Wortlaut von § 70 Abs. 1 Satz 1 SGB XII in der Vergangenheit teilweise dahingehend einschränkend ausgelegt, dass der Antragsteller mit anderen Personen in dem Haushalt zusammenleben muss, um einen Anspruch auf Hilfe zur Weiterführung des Haushalts zu begründen. Mit der Neuformulierung ist dies nun ausgeräumt: „Personen mit eigenem Haushalt sollen Leistungen zur Weiterführung des Haushalts erhalten, **wenn weder sie selbst noch, falls sie mit anderen Haushaltsangehörigen zusammenleben,** die anderen Haushaltsangehörigen den Haushalt führen können und die Weiterführung des Haushalts geboten ist."

Zu prüfen ist auch § 71 SGB XII (Altenhilfe). Insbesondere die Beratungspflichten wurden durch das PSG III ausgeweitet.

Die Beratung und Unterstützung im Rahmen der Altenhilfe soll sich nicht mehr nur auf die Auswahl und Aufnahme in eine stationäre Einrichtung erstrecken. Die neuformulierte Nummer 3 von § 71 Absatz 2 verdeutlicht, dass die Beratung und Unterstützung durch die Altenhilfe entsprechend der bereits eingetretenen Entwicklung unterschiedliche Wohn- und Betreuungsformen sowie auch die ambulante und häusliche Pflege im Blick hat. Hier der neue Wortlaut von § 71 Absatz 2 Nummer 3: „3. Beratung und Unterstützung im Vor- und Umfeld von Pflege, insbesondere in allen Fragen des Angebots an Wohnformen bei Unterstützungs-, Betreuungs- oder Pflegebedarf sowie an Diensten, die Betreuung oder Pflege leisten,"

Zu Absatz 3

Absatz 3 übernimmt im Wesentlichen inhaltsgleich den *bisherigen* § 61 Absatz 2 Satz 3 und 4 SGB XII *a. F.*, mit dem Pflegebedürftigen die Teilnahme an der Leistungsform des Persönlichen Budgets eröffnet wird. Wesentliches Ziel des Persönlichen Budgets ist es, den Leistungsberechtigten zu unterstützen, ein möglichst selbständiges und selbstbestimmtes Leben zu führen. Leistungsberechtigte können durch das Persönliche Budget selbst entscheiden, welche Hilfen sie in Anspruch nehmen, wann sie diese Hilfen in Anspruch nehmen sowie wie und durch wen.

Im Interesse der Pflegebedürftigen wird die bisherige Ausgestaltung als Ermessensvorschrift („Kann") dahingehend verschärft, als künftig die Leistungen auf Antrag als Teil eines Persönlichen Budgets zu erbringen sind, ohne dass dem Leistungsträger diesbezüglich ein Ermessen zukommt.

Redaktionelle Anmerkung:

Diese Ausweitung auf einen Rechtsanspruch auf ein Persönliches Budget steht im Zusammenhang mit der Systemänderung der Teilhabe von Menschen mit Behinderung durch das Bundesteilhabegesetz und fügt bereits im Vorgriff die Verpflichtung des Trägers ein (siehe dazu vorne die Ausführungen in Kapitel 1).

Zum 1. Januar 2018 wird Absatz 3 durch das Bundesteilhabegesetz geändert. Absatz 3 lautet dann:

„(3) Die Leistungen der Hilfe zur Pflege werden auf Antrag auch als Teil eines Persönlichen Budgets ausgeführt. § 29 des Neunten Buches ist insoweit anzuwenden."

Das Verfahren zur Gewährung eines Persönlichen Budgets wird im ab 1. Januar 2018 geltenden § 29 SGB IX abgebildet und die bisher geltende Budgetverordnung außer Kraft gesetzt. § 29 SGB IX lautet wie folgt:

§ 29 Persönliches Budget [Fassung ab 1.1.2018]

(1) Auf Antrag der Leistungsberechtigten werden Leistungen zur Teilhabe durch die Leistungsform eines Persönlichen Budgets ausgeführt, um den Leistungsberechtigten in eigener Verantwortung ein möglichst selbstbestimmtes Leben zu ermöglichen. Bei der Ausführung des Persönlichen Budgets sind nach Maßgabe des individuell festgestellten Bedarfs die Rehabilitationsträger, die Pflegekassen und die Integrationsämter beteiligt. Das Persönliche Budget wird von den beteiligten Leistungsträgern trägerübergreifend als Komplexleistung erbracht. Das Persönliche Budget kann auch nicht trägerübergreifend von einem einzelnen Leistungsträger erbracht werden. Budgetfähig sind auch die neben den Leistungen nach Satz 1 erforderlichen Leistungen der Krankenkassen und der Pflegekassen, Leistungen der Träger der Unfallversicherung bei Pflegebedürftigkeit sowie Hilfe zur Pflege der Sozialhilfe, die sich auf alltägliche und regelmäßig wiederkehrende Bedarfe beziehen und als Geldleistungen oder durch Gutscheine erbracht werden können. An die Entscheidung sind die Leistungsberechtigten für die Dauer von sechs Monaten gebunden.

(2) Persönliche Budgets werden in der Regel als Geldleistung ausgeführt, bei laufenden Leistungen monatlich. In begründeten Fällen sind Gutscheine auszugeben. Mit der Auszahlung oder der Ausgabe von Gutscheinen an die Leistungsberechtigten gilt deren Anspruch gegen die beteiligten Leistungsträger insoweit als erfüllt. Das Bedarfsermittlungsverfahren für laufende Leistungen wird in der Regel

im Abstand von zwei Jahren wiederholt. In begründeten Fällen kann davon abgewichen werden. Persönliche Budgets werden auf der Grundlage der nach Kapitel 4 getroffenen Feststellungen so bemessen, dass der individuell festgestellte Bedarf gedeckt wird und die erforderliche Beratung und Unterstützung erfolgen kann. Dabei soll die Höhe des Persönlichen Budgets die Kosten aller bisher individuell festgestellten Leistungen nicht überschreiten, die ohne das Persönliche Budget zu erbringen sind. § 35a des Elften Buches bleibt unberührt.

(3) Werden Leistungen zur Teilhabe in der Leistungsform des Persönlichen Budgets beantragt, ist der nach § 14 leistende Rehabilitationsträger für die Durchführung des Verfahrens zuständig. Satz 1 findet entsprechend Anwendung auf die Pflegekassen und die Integrationsämter. Enthält das Persönliche Budget Leistungen, für die der Leistungsträger nach den Sätzen 1 und 2 nicht Leistungsträger nach § 6 Absatz 1 sein kann, leitet er den Antrag insoweit unverzüglich dem nach seiner Auffassung zuständigen Leistungsträger nach § 15 zu.

(4) Der Leistungsträger nach Absatz 3 und die Leistungsberechtigten schließen zur Umsetzung des Persönlichen Budgets eine Zielvereinbarung ab. Sie enthält mindestens Regelungen über

1. die Ausrichtung der individuellen Förder- und Leistungsziele,
2. die Erforderlichkeit eines Nachweises zur Deckung des festgestellten individuellen Bedarfs,
3. die Qualitätssicherung sowie
4. die Höhe der Teil- und des Gesamtbudgets.

Satz 1 findet keine Anwendung, wenn allein Pflegekassen Leistungsträger nach Absatz 3 sind und sie das Persönliche Budget nach Absatz 1 Satz 4 erbringen. Die Beteiligten, die die Zielvereinbarung abgeschlossen haben, können diese aus wichtigem Grund mit sofortiger Wirkung schriftlich kündigen, wenn ihnen die Fortsetzung der Vereinbarung nicht zumutbar ist. Ein wichtiger Grund kann für die Leistungsberechtigten insbesondere in der persönlichen Lebenssituation liegen. Für den Leistungsträger kann ein wichtiger Grund dann vorliegen, wenn die Leistungsberechtigten die Vereinbarung, insbesondere hinsichtlich des Nachweises zur Bedarfsdeckung und der Qualitätssicherung nicht einhalten. Im Fall der Kündigung der Zielvereinbarung wird der Verwaltungsakt aufgehoben. Die Zielvereinbarung wird im Rahmen des Bedarfsermittlungsverfahrens für die Dauer des Bewilligungszeitraumes der Leistungen in Form des Persönlichen Budgets abgeschlossen.

§ 63a SGB XII: Notwendiger pflegerischer Bedarf

Wortlaut in der Fassung ab 1. Januar 2017

§ 63a Notwendiger pflegerischer Bedarf

Die Träger der Sozialhilfe haben den notwendigen pflegerischen Bedarf zu ermitteln und festzustellen.

Gesetzesbegründung zum PSG III (Drs. 18/9518, S. 89)

Nach den Vorschriften des Siebten Kapitels hat der Träger der Sozialhilfe im Rahmen der Hilfe zur Pflege Leistungen für Pflegebedürftige zur Deckung des notwendigen pflegerischen Bedarfs zu erbringen (Bedarfsdeckungsprinzip).

Bisher *wurde* der notwendige pflegerische Bedarf an Leistungen der Hilfe zur Pflege für die gewöhnlichen und regelmäßig wiederkehrenden Verrichtungen aus dem Zeitaufwand, den eine Pflegeperson für die entsprechenden Verrichtungen der Grundpflege und hauswirtschaftlichen Versorgung wöchentlich im Tagesdurchschnitt benötigt, abgeleitet. Der hierfür erforderliche Zeitaufwand *wurde* im Rahmen des bis zum 31. Dezember 2016 geltenden Pflegebedürftigkeitsbegriffs im Verfahren zur Feststellung der Pflegebedürftigkeit festgestellt und *war* Grundlage der Einstufung in eine Pflegestufe. Zusätzliche Ermittlungen des Trägers der Sozialhilfe zum Bedarf in Form eines zusätzlichen Gutachtens *waren* daher nur erforderlich, soweit Pflegebedürftige keine Leistungen der Pflegeversicherung *erhielten*, einen höheren Bedarf *hatten* oder Hilfe bei anderen Verrichtungen *benötigten.*

Mit Einführung des neuen Pflegebedürftigkeitsbegriffs und des neuen Begutachtungsinstruments in der Pflegeversicherung wird der Grad der Selbständigkeit zum Maßstab für die Einstufung in die Pflegegrade. Dadurch können in der Pflegeversicherung körperliche, kognitive und psychische Erkrankungen erstmals gleichermaßen berücksichtigt werden. Zudem soll der Aspekt der Stärkung der Selbständigkeit stärker in den Vordergrund gerückt werden. Der erforderliche Zeitaufwand für pflegerische Maßnahmen wurde daher in den Gewichtungen der Bewertungssystematik zwar mit berücksichtigt, ist aber aufgrund der neuen fachlichen Zielsetzung nur ein Gewichtungsaspekt neben anderen (z. B. der Häufigkeit oder der Schwere der Belastung). Dem entsprechend enthält der Bescheid zur Feststellung der Pflegebedürftigkeit keine gesonderte und individuelle Ermittlung des notwendigen Zeitaufwands für die Pflege. Aus dem Ergebnis der Feststellung der Pflegebedürftigkeit sind daher keine unmittelbaren Rückschlüsse auf den notwendigen Bedarf der Pflegebedürftigen an pflegerischen Leistungen möglich. In der Hilfe zur Pflege kann die Feststellung des notwendigen Bedarfs an Leistungen der häuslichen Pflege nicht alleine durch Übernahme des Begutachtungsergebnisses der Pflegeversicherung erfolgen.

Insbesondere für die Leistungen der häuslichen Pflegehilfe nach § 64b SGB XII, die anders als das Pflegegeld nach § 64a SGB XII und der Entlastungsbetrag nach den §§ 64i und 66 SGB XII der Höhe nach nicht begrenzt sind, sondern vielmehr bedarfsdeckend zu erbringen sind, wird der Träger der Sozialhilfe daher zur Festsetzung des Umfangs der Leistungen der häuslichen Pflege den notwendigen pflegerischen Bedarf zu ermitteln und festzustellen haben.

Redaktionelle Anmerkung:

§ 63a steht nicht im Widerspruch zu § 62a SGB XII n. F. Die dort aufgeführte Bindungswirkung betrifft nur die Einstufung in den Pflegegrad, nicht aber die Gewährung von erforderlichen Leistungen. § 63a ist vielmehr eine Ausprägung von § 9 SGB XII, der das Bedarfsdeckungsprinzip regelt:

- Leistungen richten sich nach der Besonderheit des Einzelfalles, insbesondere
  - nach der Art des Bedarfs,
  - den örtlichen Verhältnissen,
  - den eigenen Kräften und Mitteln der Person.
- Den Wünschen der Leistungsberechtigten, die sich auf die Gestaltung der Leistung richten, soll entsprochen werden, soweit sie angemessen sind.

- Den Wünschen der Leistungsberechtigten, den Bedarf stationär oder teilstationär zu decken, soll nur entsprochen werden, wenn dies nach der Besonderheit des Einzelfalles erforderlich ist, weil anders der Bedarf nicht oder nicht ausreichend gedeckt werden kann.

Das in der Sozialhilfe entwickelte Ermittlungsschema (Adolph, SGB XII-Kommentar, § 9) ist auch hier anzuwenden:

- 1. Stufe: Bedarfsermittlung
- 2. Stufe: Hilfegestaltung
- 3. Stufe: Leistungszuordnung

Bei der Bedarfsermittlung kann wohl auf die Aussagen und Wertungen im Pflegegutachten zurückgegriffen werden (z. B. auch Aussagen zu notwendigen Pflegehilfsmitteln, Maßnahmen zur Wohnverbesserung, Hilfen zu außerhäuslichen Aktivitäten oder zur Haushaltsführung – dies wird in den sog. Modulen 7 und 8 vom Gutachter abgefragt). Allerdings ist stets nach den sozialhilferechtlichen Grundsätzen zu bewerten, ob und welche Hilfegestaltung bzw. Leistung die notwendige und erforderliche ist. Andererseits bedeutet keine Aussage im Pflegegutachten nicht, dass nicht doch – in Ausnahmefällen – ein sozialhilferechtlicher Hilfebedarf vorliegen kann. Ebenso können Ausführungen in den Begutachtungs-Richtlinien als Anhaltspunkt für weitere Überlegungen dienen. Dies gilt auch für Leistungsvereinbarungen mit Pflegediensten, die nach wie vor mit Zeitangaben für einzelne Pflegeleistungen arbeiten.

Mit dem Paradigmenwechsel, dass der Grad der Selbstständigkeit Maßstab für die Einstufung in Pflegegrade ist – mit der Konsequenz, dass aus dem Ergebnis der Feststellung der Pflegebedürftigkeit bzw. der Einstufung zeitlich gesehen keine Rückschlüsse mehr auf den Bedarf möglich sind – wird die Bedarfsermittlung in Zukunft sicher komplizierter und aufwändiger als in der Vergangenheit. Der Gesetzgeber gibt hier leider keine Hilfestellung, Aussagen, wie künftig eine Bedarfsermittlung stattfinden soll, finden sich nicht.

Im Referentenentwurf zum PSG III gab es dazu noch einen Pauschalierungsvorschlag:

- Bei ambulanten Leistungen erfolgt unter Berücksichtigung der Höhe der Pflegesachleistungen nach § 36 Abs. 3 SGB XI ein pauschaler Zuschlag in Höhe von 10 % zu den dort genannten Beiträgen. Bis zu diesem Schwellenwert soll ohne besondere Anhaltspunkte eine Prüfung des Bedarfs an pflegerischen Leistungen im Einzelfall nicht erforderlich sein. Besteht im Einzelfall ein abweichender höherer pflegerischer Bedarf, muss der Sozialhilfeträger weiterhin eine zusätzliche Bedarfsfeststellung – ggfs. mit Hilfe einer Zweitbegutachtung – durchführen.
- Für stationäre Leistungen soll mit den Pflegesätzen alle für die Versorgung des Pflegebedürftigen erforderlichen Pflegeleistungen abgegolten sein. Dazu kommt dann noch der Vergütungszuschlag für Leistungen der zusätzlichen Betreuung und Aktivierung.

Dieser Vorschlag wurde bereits zu Beginn des eigentlichen Gesetzgebungsverfahrens kassiert; vor allem die Bundesländer verwehrten sich massiv einer solchen Lösung.

Es bleibt daher bei der Bedarfsermittlung für jeden Einzelfall.

2

§ 63b SGB XII: Leistungskonkurrenz

Wortlaut in der Fassung ab 1. Januar 2017

2

§ 63b Leistungskonkurrenz

(1) Leistungen der Hilfe zur Pflege werden nicht erbracht, soweit Pflegebedürftige gleichartige Leistungen nach anderen Rechtsvorschriften erhalten.

(2) Abweichend von Absatz 1 sind Leistungen nach § 72 oder gleichartige Leistungen nach anderen Rechtsvorschriften mit 70 Prozent auf das Pflegegeld nach § 64a anzurechnen. Leistungen nach § 45b des Elften Buches gehen den Leistungen nach den §§ 64i und 66 vor; auf die übrigen Leistungen der Hilfe zur Pflege werden sie nicht angerechnet.

(3) Pflegebedürftige haben während ihres Aufenthalts in einer teilstationären oder vollstationären Einrichtung dort keinen Anspruch auf häusliche Pflege. Abweichend von Satz 1 kann das Pflegegeld nach § 64a während einer teilstationären Pflege nach § 64g oder einer vergleichbaren nicht nach diesem Buch durchgeführten Maßnahme angemessen gekürzt werden.

(4) Absatz 3 Satz 1 gilt nicht für vorübergehende Aufenthalte in einem Krankenhaus nach § 108 des Fünften Buches oder in einer Vorsorge- oder Rehabilitationseinrichtung nach § 107 Absatz 2 des Fünften Buches, soweit Pflegebedürftige ihre Pflege durch von ihnen selbst beschäftigte besondere Pflegekräfte (Arbeitgebermodell) sicherstellen. Die vorrangigen Leistungen des Pflegegeldes für selbst beschaffte Pflegehilfen nach den §§ 37 und 38 des Elften Buches sind anzurechnen. § 39 des Fünften Buches bleibt unberührt.

(5) Das Pflegegeld kann um bis zu zwei Drittel gekürzt werden, soweit die Heranziehung einer besonderen Pflegekraft erforderlich ist, Pflegebedürftige Leistungen der Verhinderungspflege nach § 64c oder gleichartige Leistungen nach anderen Rechtsvorschriften erhalten.

(6) Pflegebedürftige, die ihre Pflege im Rahmen des Arbeitgebermodells sicherstellen, können nicht auf die Inanspruchnahme von Sachleistungen nach dem Elften Buch verwiesen werden. In diesen Fällen ist das geleistete Pflegegeld nach § 37 des Elften Buches auf die Leistungen der Hilfe zur Pflege anzurechnen.

(7) Leistungen der stationären Pflege nach § 65 werden auch bei einer vorübergehenden Abwesenheit von Pflegebedürftigen aus der stationären Einrichtung erbracht, solange die Voraussetzungen des § 87a Absatz 1 Satz 5 und 6 des Elften Buches vorliegen.

Gesetzesbegründung zum PSG III (Drs. 18/9518, S. 89)

Zu Absatz 1

Die Pflege und die Eingliederungshilfe haben auch nach Einführung des neuen Pflegebedürftigkeitsbegriffs grundsätzlich unterschiedliche Aufgaben:

- Aufgabe der Pflege ist die Kompensation von gesundheitlich bedingten Beeinträchtigungen der Selbständigkeit oder der Fähigkeiten.
- Aufgabe der Eingliederungshilfe ist die Förderung der vollen, wirksamen und gleichberechtigten Teilhabe am Leben in der Gesellschaft.

Die Leistungen der Pflege und die der Eingliederungshilfe sind grundsätzlich verschieden und stehen gleichrangig nebeneinander.

Redaktionelle Anmerkung

Die Beibhaltung des Gleichrangs beider Leistungen wurde erst mit der Beschlussempfehlung (Drs. 18/10510) eingeführt, nachdem im Zuge der heftigen politischen und gesellschaftlichen Auseinandersetzung zum Bundesteilhabegesetz auch dort die Regelungen zum Vorrang-Nachrang-Verhältnis (vorerst) zurückgenommen wurden. Ursprünglich sollte Absatz 1 wie folgt lauten:

„(1) Im häuslichen Umfeld im Sinne des § 36 des Elften Buches der Pflegebedürftigen gehen die Leistungen der Hilfe zur Pflege den Leistungen der Eingliederungshilfe für Menschen mit Behinderungen nach diesem Buch, dem Bundesversorgungsgesetz und dem Achten Buch vor, es sei denn, bei der Leistungserbringung steht die Erfüllung der Aufgaben der Eingliederungshilfe im Vordergrund. Außerhalb des häuslichen Umfelds gehen die Leistungen der Eingliederungshilfe den Leistungen der Hilfe zur Pflege vor. Im Übrigen werden Leistungen der Hilfe zur Pflege nicht erbracht, soweit Pflegebedürftige gleichartige Leistungen nach anderen Rechtsvorschriften erhalten."

Zu Absatz 2

Bezüglich des neuen Entlastungsbetrages wird sichergestellt, dass Pflegebedürftige entweder nur nach SGB XI oder nur nach SGB XII Anspruch auf den Entlastungsbetrag haben.

Die Nichtanrechnung gilt nicht bei Leistungen nach den §§ 64i und 66 SGB XII.

Zu Absatz 3

Absatz 3 überträgt inhaltsgleich zum einen die bisherige Vorschrift des § 63 Satz 3 SGB XII, demzufolge in einer stationären oder teilstationären Einrichtung keine Leistungen der häuslichen Pflege erbracht haben.

Zum anderen wird die Vorschrift des bisherigen § 66 Absatz 3 SGB XII übernommen, der den Grundsatz des bisherigen § 63 Satz 3 SGB XII insoweit einschränkt, als Pflegegeld während einer teilstationären Pflege oder einer vergleichbaren nicht nach diesem Buch durchgeführten Maßnahme zwar geleistet, aber angemessen gekürzt werden kann.

Zu Absatz 4

Absatz 4 übernimmt inhaltsgleich den bisherigen § 63 Satz 4 bis 6 SGB XII. Gemäß Absatz 3 Satz 1 werden während eines Aufenthalts in einer stationären oder teilstationären Einrichtung keine Leistungen der Hilfe zur Pflege durch den Träger der Sozialhilfe geleistet. Diese Regelung gilt grundsätzlich auch für Pflegebedürftige mit hohem Pflegebedarf, die im Rahmen des sogenannten „Arbeitgebermodells" ihre Pflege durch von ihnen beschäftigte besondere Pflegekräfte sicherstellen. Eine Ausnahme bildet der Aufenthalt in einem Krankenhaus nach § 108 SGB V oder einer Vorsorge- oder Rehabilitationseinrichtung nach § 107 Absatz 2 SGB V. Die Praxis hat hier gezeigt, dass die pflegerische Versorgung von behinderten Menschen während eines vorübergehenden Aufenthalts in den genannten Einrichtungen nicht im ausreichenden Maße sichergestellt ist. Das dort beschäftigte Pflegepersonal ist weder von der Ausbildung noch von den Kapazitäten her in der Lage, dem besonderen über die Leistungen der Krankenhausbehandlung nach § 39 SGB V hinausgehenden pflegerischen Bedarf behinderter Menschen zu entsprechen. Besonders betroffen von dieser Situation sind Menschen, die ihre Pflege außerhalb des Krankenhauses im Sinne des § 108 SGB V durch von ihnen beschäftigte besondere Pflegekräfte sicherstellen. Bei diesen Personen kann der Wegfall der von ihnen beschäftigten besonderen Pflegekraft während eines Aufenthalts in einem Krankenhaus im Sinne des § 108 SGB V zu Komplikationen führen.

Mit Absatz 4 wird daher sichergestellt, dass Pflegebedürftige mit einem hohen Pflegebedarf, die ihre Pflege durch von ihnen beschäftigte besondere Pflegekräfte sicherstellen, die Leistungen der Hilfe zur Pflege auch während eines vorübergehenden Aufenthalts in einem Krankenhaus im Sinne des § 108 SGB V erhalten. Die Ausnahmeregelung des Absatzes 4 gilt nicht für Beschäftigungsverhältnisse, die zum Zwecke der pflegerischen Versorgung während eines vorübergehenden Aufenthalts in einem Krankenhaus begründet worden sind. Der Träger der Sozialhilfe, der vor dem vorübergehenden Eintritt des Pflegebedürftigen in das Krankenhaus zur Leistung verpflichtet ist, ist auch künftig zur Weiterleistung der häuslichen Pflege auch während des vorübergehenden Krankenhausaufenthalts verpflichtet. Dem Ziel, dass pflegebedürftige Menschen mit Behinderungen die von ihnen beschäftigten besonderen Pflegekräfte auch im Falle eines Aufenthalts in den genannten Einrichtungen weiter beschäftigen können, dient auch die Regelung in § 34 SGB XI, die den Zeitraum der Weiterzahlung des Pflegegeldes auf die gesamte Dauer vorsieht, sowie die Vorschrift des § 11 Absatz 3 SGB V, die für den Personenkreis der Pflegebedürftigen, die ihre Pflege durch von ihnen beschäftigte besondere Pflegekräfte sicherstellen, die Mitaufnahme von Pflegekräften bei einer stationären Behandlung in einem Krankenhaus nach § 108 SGB V oder einer Vorsorge- oder Rehabilitationseinrichtung nach § 107 Absatz 2 SGB V vorsieht.

Gemäß dem Nachrangprinzip der Leistungen der Hilfe zur Pflege im Verhältnis zu den Leistungen nach dem SGB XI bestimmt Satz 2, dass das nach dem SGB XI geleistete Pflegegeld auf die Leistungen der Träger der Sozialhilfe anzurechnen ist. Die zusätzlichen Leistungen der Träger der Sozialhilfe umfassen nicht die Leistungen der Krankenhausbehandlung nach § 39 SGB V; mit Satz 3 wird klargestellt, dass diese neben den Leistungen der Sozialhilfe vom zuständigen Leistungsträger erbracht werden.

Zu Absatz 5

Absatz 5 übernimmt die bisherige Regelung des § 66 Absatz 2 Satz 2 SGB XII, soweit gleichzeitig als Leistungen neben dem Pflegegeld auch Leistungen der Verhinderungspflege oder gleichartige Leistungen nach anderen Rechtsvorschriften in Betracht kommen. In diesen Fällen kann das Pflegegeld nach § 64 SGB XII wie bisher um zwei Drittel gekürzt werden.

Nicht übernommen wird die Regelung, soweit auf den bisherigen § 65 Absatz 1 Satz 1 SGB XII verwiesen wird, da deren Anwendungsbereich infolge der Änderungen der rechtlichen Grundlagen für den Bezug von Pflegegeld ins Leere läuft (vgl. Begründung zu § 64).

Soweit der bisherige § 65 Absatz 2 Satz 2 SGB XII auf den bisherigen § 65 Absatz 1 Satz 2 SGB XII verweist, kommt darüber hinaus auch keine Kürzung des Pflegegeldes aufgrund der Inanspruchnahme einer Beratung der Pflegeperson in Betracht.

Zu Absatz 6

Absatz 6 übernimmt inhaltsgleich den bisherigen § 66 Absatz 4 Satz 2 und 3 SGB XII. In den Fällen des sogenannten Arbeitgebermodells, in denen Pflegebedürftige ihre Pflege durch von Ihnen selbst beschäftigte besondere Pflegekräfte sicherstellen, können sie vom Träger der Sozialhilfe nicht zur Inanspruchnahme von ambulanten Sachleistungen nach dem SGB XI verwiesen werden. Allerdings ist ein geleistetes Pflegegeld nach den Vorschriften des SGB XI anzurechnen.

Zu Absatz 7

Absatz 7 überträgt inhaltsgleich die Vorschrift des § 43 Absatz 4 SGB XI in der ab dem 1. Januar 2017 geltenden Fassung unmittelbar in die Vorschriften der Hilfe zur Pflege. Danach sind die Träger der Sozialhilfe auch bei einer vorübergehenden Abwesenheit von der stationären Pflegeeinrichtung zur Erbringung von Leistungen der stationären Pflege verpflichtet. Ist die Abwesenheit durch einen Aufenthalt in einem Krankenhaus oder einer Rehabilitationseinrichtung begründet, wird der Zeitraum der Zahlungsverpflichtung für den Träger der Sozialhilfe um die Dauer dieser Aufenthalte verlängert.

§ 64 SGB XII: Vorrang

Wortlaut in der Fassung ab 1. Januar 2017

§ 64 Vorrang

Soweit häusliche Pflege ausreicht, soll der Träger der Sozialhilfe darauf hinwirken, dass die häusliche Pflege durch Personen, die dem Pflegebedürftigen nahestehen, oder als Nachbarschaftshilfe übernommen wird.

Gesetzesbegründung zum PSG III (Drs. 18/9518, S. 92)

Die Vorrangregelung des neuen § 64 greift die bisherige Vorrangregelung des § 63 SGB XII *a. F.* auf.

Eine Verbindung zum regelmäßig gezahlten Pflegegeld ist hier nicht enthalten. Bereits das *bisherige* Recht der Hilfe zur Pflege *räumte* dem Pflegebedürftigen einen Anspruch auf Pflegegeld ohne zusätzliche Voraussetzungen ein.

Redaktionelle Anmerkung:

Der Wortlaut des neuen § 64 wurde verglichen mit dem Gesetzentwurf mit der Beschlussempfehlung (Drs. 18/10510) modifiziert. Ursprünglich war folgender Wortlaut vorgesehen:

„(1) Soweit häusliche Pflege ausreicht, ist die Pflege vorrangig durch Pflegegeld sicherzustellen.

(2) Der Träger der Sozialhilfe soll darauf hinwirken, dass die häusliche Pflege durch Personen, die dem Pflegebedürftigen nahe stehen, als Nachbarschaftshilfe oder durch sonstige, zum gesellschaftlichen Engagement bereite Personen übernommen wird."

Die Verknüpfung mit dem Pflegeld findet sich nun im in Kraft getretenen Wortlaut nicht mehr. Die mit der Beschlussempfehlung erfolgte Änderung dient der Klarstellung, dass keine inhaltliche Änderung gegenüber dem bisherigen § 63 Satz 1 in Verbindung mit dem allgemeinen sozialhilferechtlichen Grundsatz „ambulant vor stationär" verbunden ist. Wie bisher sollen in Konkretisierung des allgemeinen sozialhilferechtlichen Grundsatzes die Träger der Sozialhilfe darauf hinwirken, dass die häusliche Pflege – soweit diese ausreichend ist – durch Personen, die dem Pflegebedürftigen nahe stehen oder als Nachbarschaftshilfe übernommen werden. Dazu kann Pflegegeld nach § 64a verwendet werden.

Kann die häusliche Pflege durch Pflegepersonen nicht sichergestellt werden, kommen unverändert Pflegesachleistungen nach § 64b in Betracht.

Die neue Vorschrift des § 64 präzisiert zugleich den allgemeinen Grundsatz des § 13 Satz 2 SGB XII, wonach in der Sozialhilfe ambulante Leistungen Vorrang vor teilstationären und stationären Leistungen und teilstationäre Leistungen Vorrang vor stationären Leistungen haben.

Redaktionelle Anmerkung:

Kommt der neue Leistungskatalog der Hilfe zur Pflege nicht in Frage, weil der Antragsteller in keinen Pflegegrad oder lediglich in Pflegegrad 1 eingestuft werden kann, ist zu prüfen, ob § 70 SGB XII (Hilfe zur Weiterführung des Haushalts) in Frage kommt. Aufgrund der Neufassung des Siebten Kapitels wurde § 70 Absatz 3 neu gefasst: Wie bereits nach bisherigem Recht können durch Absatz 3 bei Übernahme der Haushaltsführung

- für nahestehenden Personen oder Nachbarn die angemessenen Aufwendungen erstattet werden,
- nahestehenden Personen oder Nachbarn Beiträge für eine angemessene Alterssicherung übernommen werden, wenn diese nicht anderweitig sichergestellt ist,
- die angemessenen Kosten übernommen werden, wenn die Heranziehung einer besonderen Person zur Haushaltsführung geboten ist oder die Entlastung oder Beratung der haushaltsführenden Person geboten ist.

In § 70 Absatz 1 SGB XII wurde zudem klargestellt, dass auch Alleinstehende zum Kreis der Anspruchsberechtigten gehören (siehe auch die Anmerkung bei § 63).

§ 64a SGB XII: Pflegegeld

Wortlaut in der Fassung ab 1. Januar 2017

§ 64a Pflegegeld

(1) Pflegebedürftige der Pflegegrade 2, 3, 4 oder 5 haben bei häuslicher Pflege Anspruch auf Pflegegeld in Höhe des Pflegegeldes nach § 37 Absatz 1 des Elften Buches. Der Anspruch auf Pflegegeld setzt voraus, dass die Pflegebedürftigen und die Sorgeberechtigten bei pflegebedürftigen Kindern die erforderliche Pflege mit dem Pflegegeld in geeigneter Weise selbst sicherstellen.

(2) Besteht der Anspruch nach Absatz 1 nicht für den vollen Kalendermonat, ist das Pflegegeld entsprechend zu kürzen. Bei der Kürzung ist der Kalendermonat mit 30 Tagen anzusetzen. Das Pflegegeld wird bis zum Ende des Kalendermonats geleistet, in dem die pflegebedürftige Person gestorben ist.

(3) Stellt die Pflegekasse ihre Leistungen nach § 37 Absatz 6 des Elften Buches ganz oder teilweise ein, entfällt insoweit die Leistungspflicht nach Absatz 1.

Gesetzesbegründung zum PSG III (Drs. 18/9518, S. 92)

Zu Absatz 1

Absatz 1 Satz 1 überträgt im Wesentlichen inhaltsgleich den bisherigen § 64 Absatz 1 bis 3 auf das neue Recht. *Hatten* bisher Pflegebedürftige bei finanzieller Bedürftigkeit entsprechend ihrer Pflegestufe einen Anspruch auf Pflegegeld in Höhe des Pflegegeldes der sozialen Pflegeversicherung, *haben nun* Pflegebedürftige bei finanzieller Bedürftigkeit entsprechend ihrem Pflegegrad einen Anspruch auf Pflegegeld in Höhe des Pflegegeldes der sozialen Pflegeversicherung.

Voraussetzung für den Pflegegeldanspruch ist, dass die Pflegebedürftigen ihre erforderliche Pflege mit Hilfe des Pflegegeldes sicherstellen können. In den Fällen pflegebedürftiger Kinder ist die erforderliche Pflege bei Zahlung des Pflegegeldes durch die Sorgeberechtigten sicherzustellen. Satz 2 übernimmt inhaltsgleich den bisherigen § 64 Absatz 5 Satz 1.

Der Anspruch auf Pflegegeld entspricht ihrem Inhalt nach dem Anspruch auf Pflegegeld nach den Vorschriften des SGB XI.

Redaktionelle Anmerkung:

Durch das gewährte Pflegegeld soll der Pflegebedürftige in die Lage versetzt werden, Pflegepersonen in angemessener Weise zu honorieren. Es handelt sich um einen Pauschalbetrag, der keines Nachweises von geleisteten Pflegestunden bedarf. Dies stellt eine Ausnahme im System der Hilfe zur Pflege dar, da im Regelfall eine Bedarfsermittlung auf den Einzelfall zu erfolgen hat (siehe dazu auch vorne bei § 63a).

Das Pflegegeld nach § 37 SGB XI beträgt monatlich

- bei Pflegegrad 2: 316 Euro
- bei Pflegegrad 3: 545 Euro
- bei Pflegegrad 4: 728 Euro
- bei Pflegegrad 5: 901 Euro

Zu Absatz 2

Absatz 2 übernimmt inhaltsgleich den bisherigen § 64 Absatz 5 Satz 2 bis 4.

Zu Absatz 3

Absatz 3 übernimmt inhaltsgleich den bisherigen § 64 Absatz 5 Satz 5.

Redaktionelle Anmerkung:

Absatz 3 betrifft nur pflegeversicherte Leistungsempfänger, die den in § 37 Absatz 3 SGB XI beschriebenen Beratungseinsatz nicht in Anspruch genommen haben. Wer Pflegegeld im Rahmen der sozialen Pflegeversicherung bekommt (mindestens Pflegegrad 2) ist dazu verpflichtet, sich in regelmäßigen Abständen durch eine von der Pflegekasse beauftragte Fachkraft oder auch dem Pflegeberater eines Pflegestützpunktes beraten zu lassen:

- bei Pflegegrad 2 und 3: halbjährlich verpflichtend
- bei Pflegegrad 4 und 5: vierteljährlich verpflichtend

Wird dieser Beratungseinsatz nicht durchgeführt und liegt der Grund dafür im Verantwortungsbereich des Pflegebedürftigen, so wird das Pflegegeld gekürzt oder ganz entzogen (§ 37 Absatz 6 SGB XI).

Um diese Sanktion nicht zu unterlaufen bzw. ein Fehlverhalten des Versicherten nicht auf dem Rücken der Sozialhilfe auszutragen, wurde die Regelung in Absatz 3 (Wegfall der Leistungspflicht) geschaffen.

§ 64b SGB XII: Häusliche Pflegehilfe

Wortlaut in der Fassung ab 1. Januar 2017

§ 64b Häusliche Pflegehilfe

(1) Pflegebedürftige der Pflegegrade 2, 3, 4 oder 5 haben Anspruch auf körperbezogene Pflegemaßnahmen und pflegerische Betreuungsmaßnahmen sowie auf Hilfen bei der Haushaltsführung als Pflegesachleistung (häusliche Pflegehilfe), soweit die häusliche Pflege nach § 64 nicht sichergestellt werden kann. Der Anspruch auf häusliche Pflegehilfe umfasst auch die pflegefachliche Anleitung von Pflegebedürftigen und Pflegepersonen. Mehrere Pflegebedürftige der Pflegegrade 2, 3, 4 oder 5 können die häusliche Pflege gemeinsam in Anspruch nehmen. Häusliche Pflegehilfe kann auch Betreuungs- und Entlastungsleistungen durch Unterstützungsangebote im Sinne des § 45a des Elften Buches umfassen; § 64i bleibt unberührt.

2

(2) Pflegerische Betreuungsmaßnahmen umfassen Unterstützungsleistungen zur Bewältigung und Gestaltung des alltäglichen Lebens im häuslichen Umfeld, insbesondere

1. bei der Bewältigung psychosozialer Problemlagen oder von Gefährdungen,
2. bei der Orientierung, bei der Tagesstrukturierung, bei der Kommunikation, bei der Aufrechterhaltung sozialer Kontakte und bei bedürfnisgerechten Beschäftigungen im Alltag sowie
3. durch Maßnahmen zur kognitiven Aktivierung.

Gesetzesbegründung zum PSG III (Drs. 18/9518, S. 93)

Zu Absatz 1

Die Einführung des neuen Pflegebedürftigkeitsbegriffs hat unmittelbare Auswirkungen auf Inhalt und Umfang der häuslichen Pflegehilfe im Rahmen der Hilfe zur Pflege. Entsprechend dem *bis 31. Dezember 2016* geltenden verrichtungsbezogenen Pflegebedürftigkeitsbegriff *waren* die pflegerischen Maßnahmen der häuslichen Pflegehilfe ausgerichtet; Betreuungs- und Entlastungsleistungen *wurden* nur zusätzlich und auch nur für Versicherte erbracht.

Der neue Pflegebedürftigkeitsbegriff erforderte eine Umsetzung auch im Leistungsrecht, d. h. auch die Leistungen der häuslichen Pflege sind entsprechend der neuen Systematik auszurichten gewesen. Die Aspekte von Pflegebedürftigkeit, die bisher nicht im Rahmen des noch geltenden Begutachtungsverfahrens erhoben wurden, sind *nun* mit pflegerischen Maßnahmen hinterlegt.

Dementsprechend umfasst die neue häusliche Pflegehilfe nicht nur körperbezogene Pflegemaßnahmen, sondern auch pflegerische Betreuungsmaßnahmen und Hilfen bei der Haushaltsführung. Der Inhalt entspricht insoweit der neuen häuslichen Pflegehilfe gemäß § 36 SGB XI in der ab dem 1. Januar 2017 geltenden Fassung. Die pflegerischen Betreuungsmaßnahmen greifen dabei auch die Leistungen der Übergangsregelung des *bisherigen* § 124 SGB XI *a. F.* zur häuslichen Betreuung auf, die bisher ebenfalls nur den Versicherten zugutekommen *waren* und nicht im Rahmen der Hilfe zur Pflege geleistet *wurden*.

Im Hinblick auf die den pflegerischen Betreuungsmaßnahmen enthaltenen Teilhabe-Elemente ergeben sich Schnittstellen insbesondere zu den Leistungen der Eingliederungshilfe. Zur Klärung dieser Schnittstellen wird der Begriff der pflegerischen Betreuungsmaßnahmen entsprechend der Regelung in § 36 Absatz 2 Satz 3 SGB XI auch in Absatz 2 näher definiert.

Häusliche Pflegehilfe kann auch Betreuungs- und Entlastungsleistungen durch Unterstützungsangebote im Sinne des § 45a SGB XI umfassen.

Redaktionelle Anmerkung

Nach § 45a Absatz 1 SGB XI sind Angebote zur Unterstützung im Alltag:

- Angebote, in denen insbesondere ehrenamtliche Helferinnen und Helfer unter pflegefachlicher Anleitung die Betreuung von Pflegebedürftigen mit allgemeinem oder mit besonderem Betreuungsbedarf in Gruppen oder im häuslichen Bereich übernehmen (Betreuungsangebote, z. B. Tagesbetreuung, Einzelbetreuung)
- Angebote, die der gezielten Entlastung und beratenden Unterstützung von pflegenden Angehörigen und vergleichbar nahestehenden Pflegepersonen in ihrer Eigen-

schaft als Pflegende dienen (Angebote zur Entlastung von Pflegenden, z. B. Pflegebegleiter)

- Angebote, die dazu dienen, die Pflegebedürftigen bei der Bewältigung von allgemeinen oder pflegebedingten Anforderungen des Alltags oder im Haushalt, insbesondere bei der Haushaltsführung, oder bei der eigenverantwortlichen Organisation individuell benötigter Hilfeleistungen zu unterstützen (Angebote zur Entlastung im Alltag)

Diese Angebote müssen durch die zuständigen Behörden in den Ländern anerkannt worden sein, um einen Kostenerstattungsanspruch realisieren zu können.

Der gesonderte Anspruch auf den Entlastungsbetrag für Pflegebedürftige der Pflegegrade 2 bis 5 nach § 64i bleibt davon unberührt. Diese Leistungen *wurden* bisher nicht erbracht, da die den Leistungen zugrunde liegenden Beeinträchtigungen nicht vom *bisher* geltenden Pflegebedürftigkeitsbegriff erfasst *wurden* und daher auch keine Leistungen der Hilfe zur Pflege begründen *konnten*.

Die leistungsrechtliche Sonderbehandlung des versicherten Personenkreises war ausschließlich dadurch gerechtfertigt, dass der Hilfebedarf der Betroffenen vom bisherigen System nicht oder zumindest nur unzulänglich erfasst *wurde*. Die gleichmäßige Berücksichtigung aller Einschränkungen auf somatischem und geistig/seelischem Gebiet soll aber gerade bewirken, dass der Bedarf von Menschen mit eingeschränkter Alltagskompetenz auch zu einer gleichberechtigten Teilnahme am Leistungsgeschehen führt. Der neue Pflegebedürftigkeitsbegriff erfasst deshalb nicht nur körperliche Beeinträchtigungen, sondern auch Personen mit kognitiven und psychischen Beeinträchtigungen der Selbständigkeit oder Fähigkeiten.

Unter Geltung des neuen Pflegebedürftigkeitsbegriffs, der Menschen mit körperlichen Beeinträchtigungen und Menschen mit kognitiven und psychischen Beeinträchtigungen sowohl bei der Einstufung in die Pflegegrade als auch beim Zugang zu Leistungen gleich behandelt, ergibt sich daher die unmittelbare Folge, die entsprechenden pflegerischen Bedarf auch der Menschen mit kognitiven und psychischen Beeinträchtigungen mit den notwendigen pflegerischen Leistungen zu hinterlegen.

Zur häuslichen Pflegehilfe zählen, soweit das erforderlich ist, beispielsweise auch Leistungen der häuslichen Pflegehilfe zur Deckung des notwendigen Bedarfs in ambulant betreuten Wohngruppen hinsichtlich Tätigkeiten oder Unterstützungsleistungen im Sinne des § 38a Absatz 1 Satz 1 Nummer 3 SGB XI.

Bestandteil der häuslichen Pflege ist auch die pflegefachliche Anleitung von Pflegebedürftigen und Pflegepersonen. Mit dem neuen Pflegebedürftigkeitsbegriff werden auch Beeinträchtigungen der Selbstständigkeit, die Hilfen bei der Anleitung, Motivation und Schulung von Pflegebedürftigen und Pflegepersonen erfordern, erfasst.

Im Rahmen der häuslichen Pflegehilfe sind Pflegekräfte in aller Regel nur zu bestimmten Tages- oder Nachtzeiten beim Pflegebedürftigen. Situationen beim Pflegebedürftigen, die ein Handeln der Pflegepersonen erfordern, treten aber häufig auch außerhalb der Anwesenheitszeiten der Pflegekräfte auf. Vor diesem Hintergrund wird im Gleichklang mit der entsprechenden Vorschrift des neuen § 36 Absatz 2 Satz 2 SGB XI klargestellt, dass auch die fachliche Anleitung von Pflegebedürftigen und in die Pflege eingebundene Pflegepersonen einschließlich einer vorhergehenden Problem- und Bedarfseinschätzung Bestandteil der häuslichen Pflegehilfe ist. Mit der pflegefachlichen Anleitung der Pflegebedürftigen und der Pflegepersonen sollen diese darin unterstützt werden, auch während Zeiten der Abwesenheit pflegerelevante Situationen gut bewältigen zu können. Diese Art der pflegefachlichen Anleitung findet laufend und situationsbezogen im Rahmen der häuslichen Pflegehilfe statt. Der Anspruch auf häusliche Pflegehilfe entspricht insoweit dem Anspruch auf häusliche Pflegehilfe nach § 36 Absatz 1 und 2 SGB XI.

Mit Satz 3 wird klargestellt, dass mehrere Pflegebedürftige der Pflegegrade 2 bis 5 die Leistungen der häuslichen Pflegehilfe auch gemeinsam in Anspruch nehmen können (sogenannten „Poolen“). Die Vorschrift entspricht insoweit § 36 Absatz 4 Satz 4 SGB XI in der ab 1. Januar 2017 geltenden Fassung.

Zu Absatz 2

Zur Klärung der Schnittstellen insbesondere zu den Leistungen der Eingliederungshilfe wird der Begriff der pflegerischen Betreuungsmaßnahmen näher definiert. Diese Maßnahmen umfassen gemäß Satz 2 Unterstützungsleistungen zur Bewältigung und Gestaltung des alltäglichen Lebens im häuslichen Umfeld. Hierzu werden in den Nummern 1 bis 3 nicht abschließend dem Grunde nach die wesentlichen Inhalte dieser Unterstützungsleistungen hervorgehoben.

Pflegerische Betreuungsmaßnahmen werden in Bezug auf das häusliche Umfeld erbracht. Sie weisen damit einen unmittelbaren Bezug zur Gestaltung des alltäglichen Lebens im Zusammenhang mit einem Haushalt und seiner häuslichen Umgebung auf. Die Maßnahmen erfolgen dementsprechend zur Unterstützung bei der Gestaltung des alltäglichen Lebens in Bezug zum Haushalt und bei Aktivitäten mit engem räumlichem Bezug hierzu. Pflegerische Betreuungsmaßnahmen können dabei nicht nur in Bezug auf das häusliche Umfeld des Pflegebedürftigen selbst erbracht werden, sondern beispielsweise auch im häuslichen Umfeld seiner Familie oder anderer nahestehender Menschen oder bei der gemeinsamen Inanspruchnahme häuslicher Pflegehilfe z. B. im häuslichen Umfeld eines der Beteiligten oder seiner Familie.

Die Leistungen dienen auch der alltäglichen Freizeitgestaltung mit Bezug zur Gestaltung des häuslichen Alltags. Die Maßnahmen beziehen sich hingegen insbesondere nicht auf die Unterstützung des Besuchs von Kindergarten oder Schule, der Ausbildung, der Berufstätigkeit oder sonstigen Teilhabe am Arbeitsleben, der Ausübung von Ämtern oder der Mitarbeit in Institutionen oder in vergleichbaren Bereichen.

Die pflegerischen Betreuungsmaßnahmen können weitgehend nicht nur von Pflegekräften, sondern auch von Pflegepersonen aus dem häuslichen Umfeld oder sonstigen nahestehenden Personen erbracht werden.

§ 64c SGB XII: Verhinderungspflege

Wortlaut in der Fassung ab 1. Januar 2017

§ 64c Verhinderungspflege

Ist eine Pflegeperson im Sinne von § 64 wegen Erholungsurlaubs, Krankheit oder aus sonstigen Gründen an der häuslichen Pflege gehindert, sind die angemessenen Kosten einer notwendigen Ersatzpflege zu übernehmen.

Gesetzesbegründung zum PSG III (Drs. 18/9518, S. 94)

Mit dem neuen § 64c wird die Verhinderungspflege erstmals ausdrücklich in den Leistungskatalog der Hilfe zur Pflege aufgenommen. Mit der Verhinderungspflege wird der Tatsache Rechnung getragen, dass eine andauernde Pflege für die Pflegeperson mit erheblichen körperlichen und psychischen Belastungen verbunden sein kann. Steht die Pflegeperson vorübergehend aus wichtigen Gründen nicht zur Verfügung, soll verhindert werden, dass Pflegebedürftige in eine stationäre Pflegeeinrichtung wechseln muss.

Gegenüber dem *bisherigen* Recht ist keine Leistungsausweitung verbunden, *konnte* die Verhinderungspflege schon nach *bisherigem* Recht als sogenannte andere Leistung im Sinne des *bisherigen* § 65 Absatz 1 Satz 2 SGB XII a. F. geleistet werden, soweit neben oder anstelle der häuslichen Pflege eine zeitweilige Entlastung der Pflegeperson geboten *war*.

Auch *mit dem neuen § 64c* ist es für die Übernahme der Kosten für eine Ersatzpflege zur Entlastung der Pflegeperson erforderlich, dass die nahestehende Pflegeperson an der häuslichen Pflege gehindert ist. Die Vorschrift nennt als wichtige Gründe, die eine Kostenübernahme rechtfertigen, einen Erholungsurlaub oder Krankheit der Pflegeperson. Der Katalog ist jedoch nicht abschließend; auch sonstige Gründe können darüber hinaus eine Verhinderungspflege rechtfertigen und den Träger der Sozialhilfe zur Kostenübernahme verpflichten.

Der Anspruch auf Verhinderungspflege setzt nicht voraus, dass die Pflegeperson die pflegebedürftige Person eine bestimmte Mindestzeit vor dem Eintritt des Verhinderungsfalles gepflegt hat. Auch in Fällen, in denen eine Pflegeperson bereits kurze Zeit nach Beginn der Pflege beispielsweise erkrankt, soll durch das Instrument der Verhinderungspflege ein Wechsel in eine stationäre Pflegeeinrichtung verhindert werden können.

Der Anspruch auf Verhinderungspflege entspricht dem Inhalt nach dem Anspruch auf Verhinderungspflege nach § 39 Absatz 1 SGB XI.

Redaktionelle Anmerkung:

In der sozialen Pflegeversicherung ist es jedoch Anspruchsvoraussetzung, dass eine sechsmonatige Vorpflegezeit vorliegt. Dies ist hier, wie oben in der Gesetzesbegründung aufgeführt, nicht Voraussetzung in der Hilfe zur Pflege.

§ 64d SGB XII: Pflegehilfsmittel

Wortlaut in der Fassung ab 1. Januar 2017

§ 64d Pflegehilfsmittel

(1) Pflegebedürftige haben Anspruch auf Versorgung mit Pflegehilfsmitteln, die

1. zur Erleichterung der Pflege der Pflegebedürftigen beitragen,
2. zur Linderung der Beschwerden der Pflegebedürftigen beitragen oder
3. den Pflegebedürftigen eine selbständigere Lebensführung ermöglichen.

Der Anspruch umfasst die notwendige Änderung, Instandsetzung und Ersatzbeschaffung von Pflegehilfsmitteln sowie die Ausbildung in ihrem Gebrauch.

(2) Technische Pflegehilfsmittel sollen den Pflegebedürftigen in geeigneten Fällen leihweise zur Verfügung gestellt werden.

Gesetzesbegründung zum PSG III (Drs. 18/9518, S. 95)

Die Vorschrift regelt die Versorgung Pflegebedürftiger mit Pflegehilfsmitteln. Auch bezüglich der Hilfsmittelversorgung gilt das Nachrangprinzip der Sozialhilfe. Die Träger der Sozialhilfe sind nur in den Fällen zuständig, in denen die Leistung nicht bereits von den Krankenkassen (als Leistung bei Krankheit) oder anderen Leistungsträgern zu gewähren ist. Soweit eine Zuständigkeit der Träger der Sozialhilfe gegeben ist, prüfen diese die Notwendigkeit der Versorgung mit Pflegehilfsmitteln.

Anspruchsvoraussetzung ist, dass mit ihrer Hilfe entweder die Pflege erleichtert werden kann, die Beschwerden der pflegebedürftigen Person gelindert werden können oder der pflegebedürftigen Person eine selbständigere Lebensführung ermöglicht werden kann. Zu den Hilfsmitteln gehören dementsprechend die zum Verbrauch bestimmten Pflegehilfsmittel (z. B. Desinfektionsmittel und Unterlagen) und technische Hilfsmittel wie z. B. Pflegebetten und Hausnotrufanlagen. Eine ärztliche Verordnung ist nicht erforderlich.

Der bestimmungsgemäße Gebrauch der technischen Hilfsmittel erfordert in den meisten Fällen die Anleitung durch fachkundiges Personal, welche gemäß Satz 2 Bestandteil des Anspruchs auf Pflegehilfsmittel ist. Zum Anspruch auf Pflegehilfsmittel gehören darüber hinaus neben der Anpassung der Hilfsmittel an bestimmte Erfordernisse der pflegebedürftigen Person, der Pflegepersonen oder der häuslichen Umgebung auch die Instandsetzung und – soweit erforderlich – den Ersatz.

Technische Hilfsmittel sind einerseits in der Anschaffung mit erheblichen Kosten verbunden, zeigen aber andererseits auch bei längerem sachgemäßem Gebrauch kaum Abnutzungserscheinungen. Im Hinblick auf die Pflicht der Kostenträger zum sparsamen Umgang der zur Verfügung stehenden Finanzmittel sollen die technischen Hilfsmittel wiederholt zum Einsatz kommen. Entsprechend der Regelung im SGB XI können daher technische Hilfsmittel den Pflegebedürftigen auch leihweise zur Verfügung gestellt werden.

Der Anspruch auf Pflegehilfsmittel entspricht dem Inhalt nach dem Anspruch auf Pflegehilfsmittel nach § 40 SGB XI. Zur Vermeidung von Missverständnissen erfolgt eine Anpassung an den Wortlaut des § 40 Absatz 3 Satz 1 SGB XI. Eine Leistungsausweitung oder Leistungsverkürzung ist damit nicht verbunden.

§ 64e SGB XII: Maßnahmen zur Verbesserung des Wohnumfeldes

Wortlaut in der Fassung ab 1. Januar 2017

§ 64e Maßnahmen zur Verbesserung des Wohnumfeldes

Maßnahmen zur Verbesserung des Wohnumfeldes der Pflegebedürftigen können gewährt werden,

1. soweit sie angemessen sind und
2. durch sie
   a) die häusliche Pflege ermöglicht oder erheblich erleichtert werden kann oder
   b) eine möglichst selbständige Lebensführung der Pflegebedürftigen wiederhergestellt werden kann.

Gesetzesbegründung zum PSG III (Drs. 18/9518, S. 95)

Neben den Pflegehilfsmitteln gemäß § 64d können die Träger der Sozialhilfe als Ermessensleistung ganz oder teilweise Maßnahmen zur Verbesserung des individuellen Wohnumfeldes der pflegebedürftigen Person finanzieren. Voraussetzung ist, dass die Maßnahme angemessen ist und durch die Maßnahme die häusliche Pflege überhaupt ermöglicht oder zumindest erleichtert wird oder ein Verbleiben der pflegebedürftigen Person in seiner häuslichen Umgebung sichergestellt werden kann.

In Betracht kommen technische Hilfen im Haushalt, aber auch Umbaumaßnahmen wie z. B. die Verbreiterung von Türen, den Einbau einer ebenerdigen Dusche oder eines Treppenliftes sowie die Beseitigung von Türschwellen. Modernisierungsmaßnahmen, die in keinem direkten Zusammenhang mit der Pflegebedürftigkeit stehen, sondern nur den Wohnwert verbessern, sind von der Finanzierung ausgenommen. Dem Inhalt nach korrespondiert die Vorschrift mit dem Anspruch auf wohnumfeldverbessernde Maßnahmen nach § 40 SGB XI.

§ 64f SGB XII: Andere Leistungen

Wortlaut in der Fassung ab 1. Januar 2017

§ 64f Andere Leistungen

(1) Zusätzlich zum Pflegegeld nach § 64a Absatz 1 sind die Aufwendungen für die Beiträge einer Pflegeperson oder einer besonderen Pflegekraft für eine angemessene Alterssicherung zu erstatten, soweit diese nicht anderweitig sichergestellt ist.

(2) Ist neben der häuslichen Pflege nach § 64 eine Beratung der Pflegeperson geboten, sind die angemessenen Kosten zu übernehmen.

(3) Soweit die Sicherstellung der häuslichen Pflege für Pflegebedürftige der Pflegegrade 2, 3, 4 oder 5 im Rahmen des Arbeitgebermodells erfolgt, sollen die angemessenen Kosten übernommen werden.

Gesetzesbegründung zum PSG III (Drs. 18/9518, S. 95)

Zu Absatz 1

Der Absatz überträgt inhaltsgleich den *bisherigen* § 65 Absatz 2 SGB XII *a. F.*, aufgrund dessen den Pflegebedürftigen neben dem Pflegegeld auch die Aufwendungen für die Beiträge einer Pflegeperson oder einer besonderen Pflegekraft übernommen werden, soweit diese nicht anderweitig sichergestellt ist.

Nicht übernommen wird dagegen die teilweise inhaltsgleiche Vorschrift des *bisherigen* § 65 Absatz 1 SGB XII *a. F.*, welche unter anderem ebenfalls die Übernahme von angemessenen Aufwendungen einer Pflegeperson für eine angemessene Alterssicherung *vorsah*. Die Vorschrift *stammte* aus den Anfängen des Bundessozialhilfegesetzes, als der Anspruch auf Pflegegeld noch ein stärkeres Maß an Pflegebedürftigkeit voraussetzte. Aus diesem Grunde war eine gesonderte Regelung zur Übernahme von Aufwendungen für eine angemessene Alterssicherung einer Pflegeperson in den Fällen, in denen nicht zugleich ein Pflegegeld geleistet wurde, erforderlich. Bereits das *bisherige* Recht der Hilfe zur Pflege *räumte* dem Pflegebedürftigen in § 64 SGB XII *a. F.* einen Anspruch auf Pflegegeld ohne zusätzliche Voraussetzungen ein. Die Vorschrift des *bisherigen* § 65 Absatz 1 Satz 1 SGB XII *a. F.* lief daher insoweit schon *nach dem bis 31. Dezember 2016 geltenden Recht* ins Leere.

Vor dem Hintergrund der regelmäßigen Zahlung von Pflegegeld besteht darüber hinaus auch keine Notwendigkeit mehr für eine gesonderte Übernahme sonstiger angemessener Aufwendungen. Soweit Aufwendungen bei der Pflegeperson anfallen, sind diese durch die Zahlung des Pflegegeldes abgegolten.

Redaktionelle Anmerkung:

Kommt der neue Leistungskatalog der Hilfe zur Pflege nicht in Frage, weil der Antragsteller in keinen Pflegegrad oder lediglich in Pflegegrad 1 eingestuft werden kann, ist zu prüfen, ob § 70 SGB XII (Hilfe zur Weiterführung des Haushalts) in Frage kommt. Aufgrund der Neufassung des Siebten Kapitels wurde § 70 Absatz 3 neu gefasst: Wie bereits nach bisherigem Recht können Beiträge der haushaltsführenden Person für eine angemessene Alterssicherung übernommen werden, wenn diese nicht anderweitig sichergestellt ist. In § 70 Absatz 1 SGB XII wurde zudem klargestellt, dass auch Alleinstehende zum Kreis der Anspruchsberechtigten gehören (siehe auch die Anmerkung bei § 63).

Zu Absatz 2

Absatz 2 überträgt den *bisherigen* § 65 Absatz 1 Satz 2 SGB XII *a. F.* in das neue Leistungsrecht der Hilfe zur Pflege, soweit eine Beratung der Pflegeperson geboten ist. Die dort *bisher* genannte weitere Leistung der zeitweiligen Entlastung der Pflegeperson entspricht der Verhinderungspflege, die *nun* als eigener Tatbestand in § 64c geregelt *ist*.

Zu Absatz 3

Absatz 3 übernimmt inhaltsgleich den *bisherigen* § 65 Absatz 1 Satz 2 SGB XII *a. F.*, soweit es sich um die Übernahme von angemessenen Kosten im Rahmen des sog. Arbeitgebermodells handelt, bei dem die Pflegebedürftigen ihre Pflege durch von ihnen selbst beschäftigte besondere Pflegekräfte sicherstellen.

Soweit darüber hinaus die Heranziehung einer besonderen Pflegekraft nicht im Rahmen des Arbeitgebermodells erfolgt, ergeben sich die Voraussetzungen einer Übernahme der angemessenen

Kosten im Umkehrschluss aus § 64 SGB XII *n. F.*: Ist die Heranziehung einer besonderen Pflegekraft z. B. durch einen ambulanten Pflegedienst erforderlich, ist eine häusliche Pflege durch nahestehende Personen im Sinne des § 64 Satz 2 SGB XII *n. F.* nicht ausreichend. Dementsprechend sind die Kosten der häuslichen Pflegehilfe nach § 64b SGB XII *n. F.* oder der Verhinderungspflege nach § 64c SGB XII *n. F.* durch den Träger der Sozialhilfe zu übernehmen.

§ 64g SGB XII: Teilstationäre Pflege

Wortlaut in der Fassung ab 1. Januar 2017

§ 64g Teilstationäre Pflege

Pflegebedürftige der Pflegegrade 2, 3, 4 oder 5 haben Anspruch auf teilstationäre Pflege in Einrichtungen der Tages- oder Nachtpflege, soweit die häusliche Pflege nicht in ausreichendem Umfang sichergestellt werden kann oder die teilstationäre Pflege zur Ergänzung oder Stärkung der häuslichen Pflege erforderlich ist. Der Anspruch umfasst auch die notwendige Beförderung des Pflegebedürftigen von der Wohnung zur Einrichtung der Tages- oder Nachtpflege und zurück.

Gesetzesbegründung zum PSG III (Drs. 18/9518, S. 96)

Um den Vorrang der häuslichen Pflege zu erhalten und zu fördern, ist es erforderlich, Hilfen auch für die Fälle vorzusehen, in denen die häusliche Pflege nicht oder nicht in ausreichendem Umfang sichergestellt werden kann.

Mit der teilstationären Pflege soll ein dauerhafter Wechsel von der häuslichen Pflege zur stationären Pflege verhindert werden. Wie bisher schon, gehört daher die teilstationäre Pflege auch nach Einführung des neuen Pflegebedürftigkeitsbegriffs zu den Leistungen der Hilfe zur Pflege. Der Anspruch auf teilstationäre Pflege entspricht dem Inhalt nach dem Anspruch auf teilstationäre Pflege nach § 41 Absatz 1 SGB XI.

§ 64h SGB XII: Kurzzeitpflege

Wortlaut in der Fassung ab 1. Januar 2017

§ 64h Kurzzeitpflege

(1) Pflegebedürftige der Pflegegrade 2, 3, 4 oder 5 haben Anspruch auf Kurzeitpflege in einer stationären Pflegeeinrichtung, soweit die häusliche Pflege zeitweise nicht, noch nicht oder nicht im erforderlichen Umfang erbracht werden kann und die teilstationäre Pflege nach § 64g nicht ausreicht.

(2) Wenn die Pflege in einer zur Kurzzeitpflege zugelassenen Pflegeeinrichtung nach den §§ 71 und 72 des Elften Buches nicht möglich ist oder nicht zumutbar erscheint, kann die Kurzzeitpflege auch erbracht werden

1. durch geeignete Erbringer von Leistungen nach dem Sechsten Kapitel oder
2. in geeigneten Einrichtungen, die nicht als Einrichtung zur Kurzzeitpflege zugelassen sind.

(3) Soweit während einer Maßnahme der medizinischen Vorsorge oder Rehabilitation für eine Pflegeperson eine gleichzeitige Unterbringung und Pflege der Pflegebedürftigen erforderlich ist, kann Kurzzeitpflege auch in Vorsorge- oder Rehabilitationseinrichtungen nach § 107 Absatz 2 des Fünften Buches erbracht werden.

Gesetzesbegründung zum PSG III (Drs. 18/9518, S. 96)

Zu Absatz 1

Ist weder häusliche Pflege noch teilstationäre Pflege möglich, kommt als weitere Leistung der Hilfe zur Pflege die Kurzzeitpflege in Betracht. Wie auch mit der teilstationären Pflege sollen insbesondere Pflegepersonen, die die häusliche Pflege sicherstellen, entlastet und so verhindert werden, dass Pflegebedürftige auf Dauer in eine stationäre Pflegeeinrichtungen wechseln müssen.

Entsprechend ihrer Bezeichnung soll die Kurzzeitpflege nur für einen begrenzten Zeitraum erfolgen. Für diesen Zeitraum werden Pflegebedürftige in eine stationäre Pflegeeinrichtung aufgenommen. In Betracht kommt die Kurzzeitpflege z. B. für eine Übergangszeit nach einer stationären Behandlung in einem Krankenhaus oder nach stationärer Behandlung oder wenn die Wohnung des Pflegebedürftigen für die häusliche Pflege umgebaut werden muss oder die Pflegeperson die häusliche Pflege nicht unmittelbar übernehmen kann. Kurzzeitpflege ist ebenfalls möglich bei Verhinderung der Pflegeperson z. B. aufgrund von Krankheit oder Urlaub und eine Verhinderungspflege nach § 64c SGB XII *n. F.* nicht möglich ist.

Der Anspruch auf Kurzzeitpflege ist inhaltsgleich mit dem Anspruch auf Kurzzeitpflege nach § 42 Absatz 1 SGB XI.

2 Gleichartige Leistungen nach anderen Rechtsvorschriften, wie zu § 39c SGB V, gehen den Leistungen nach § 64h vor.

Redaktionelle Anmerkung:

Durch Änderungen im SGB V wurden durch das Krankenhausstrukturgesetz zum 1. Januar 2016 neue Anschlussversorgungsleistungen eingeführt. Zur Schließung einer bis dahin bestehenden Versorgungslücke gelten diese für Patienten, die nach einem Krankenhausaufenthalt oder einer ambulanten Behandlung vorübergehend weiter versorgt werden müssen und keinen Anspruch auf Leistungen der sozialen Pflegeversicherung haben.

Übergangspflege: Patienten, die Leistungen „wegen schwerer Krankheit oder wegen akuter Verschlimmerung einer Krankheit, insbesondere nach einem Krankenhausaufenthalt, nach einer ambulanten Operation oder nach einer ambulanten Krankenhausbehandlung" erhalten, können auch „Grundpflege" und „hauswirtschaftliche Versorgung" im Rahmen der häuslichen Krankenpflege erhalten (§ 37 Abs. 1a SGB V). Ein gleichzeitiger Bedarf an medizinischer Behandlungspflege ist in diesem Fall ausnahmsweise nicht erforderlich. Der Anspruch auf diese sogenannte Übergangspflege besteht für bis zu vier Wochen je Krankheitsfall. Er kann von der Krankenkasse in begründeten Ausnahmefällen nach Einschaltung des Medizinischen Dienstes verlängert werden.

Haushaltshilfe: Der Anspruch auf eine Haushaltshilfe in § 38 SGB V wurde ebenfalls ergänzt, um Versorgungsproblemen im Falle schwerer Krankheit oder wegen akuter Verschlimmerung einer Krankheit zu begegnen. Haushaltshilfen werden in diesen Fällen für längstens vier Wochen gewährt. Lebt im Haushalt ein Kind, das bei Beginn der Haushaltshilfe das zwölfte Lebensjahr noch nicht vollendet hat oder das behindert und auf Hilfe angewiesen ist, verlängert sich der Leistungsanspruch auf längstens 26 Wochen.

Kurzzeitpflege: Mit Einfügung eines neuen § 39c SGB V wird zudem geregelt, dass Versicherte für eine Übergangszeit Anspruch auf Kurzzeitpflege entsprechend § 42 SGB XI haben, wenn Leistungen der häuslichen Krankenpflege nicht ausreichen, um ein Verbleiben in der Häuslichkeit zu ermöglichen. Dieser Anspruch soll nur zum Tragen kommen, wenn der Bedarf des Versicherten durch den neuen Anspruch in § 37 Abs. 1a SGB V nicht im erforderlichen Maße abgedeckt wird. Die Ausgestaltung der Leistung ist an die Kurzzeitpflege in der Pflegeversicherung (§ 42 SGB XI) angelehnt: Beschränkung des Anspruchs auf vier Wochen im Kalenderjahr und Übernahme der pflegebedingten Aufwendungen, Aufwendungen der sozialen Betreuung sowie Aufwendungen für Leistungen der medizinischen Behandlungspflege bis zu einem Höchstbetrag von 1612 Euro.

Voraussetzung für diese drei Maßnahmen ist, dass keine Pflegebedürftigkeit mit Pflegegrad 2, 3, 4 oder 5 im Sinne des Elften Buches festgestellt ist.

Zu Absatz 2

Absatz 2 greift den Gedanken der Vorschrift des § 42 Absatz 3 SGB XI auf, wonach die Kurzzeitpflege in begründeten Einzelfällen bei zuhause gepflegten Pflegebedürftigen auch in geeigneten Einrichtungen der Hilfe für behinderte Menschen oder anderen geeigneten Einrichtungen erfolgen kann. Voraussetzung ist, dass die Pflege in einer zur Kurzzeitpflege zugelassenen Pflegeeinrichtung nicht möglich oder nicht zumutbar ist.

Zu Absatz 3

Absatz 3 überträgt inhaltsgleich die Vorschrift des § 42 Absatz 4 SGB XI auf die Kurzzeitpflege nach dem Recht der Hilfe zur Pflege.

Redaktionelle Anmerkung:

Unterzieht sich eine Pflegeperson einer Maßnahme der medizinischen Vorsorge oder Rehabilitation, besteht für den Pflegebedürftigen, wenn für ihn eine gleichzeitige Unterbringung und Pflege erforderlich ist, Anspruch auf Kurzzeitpflege in der Einrichtung, in der die Pflegeperson untergebracht ist.

2 Diese gemeinsame Unterbringung von pflegenden Angehörigen und deren Pflegebedürftigen in einer Vorsorge- oder Rehabilitationseinrichtung eröffnet auch die Möglichkeit einer gleichzeitigen Schulung der Pflegepersonen, um längerfristig eine Überlastung durch die Pflegetätigkeit zu vermeiden.

Bei der Inanspruchnahme von medizinischen Vorsorge- und Rehabilitationsleistungen der gesetzlichen Krankenkassen, auf die pflegende Angehörige nach geltendem Recht Anspruch haben, hat die Krankenkasse die besonderen Belange dieses Personenkreises zu berücksichtigen (siehe auch § 23 SGB V).

§ 64i SGB XII: Entlastungsbetrag bei den Pflegegraden 2, 3, 4 oder 5

Wortlaut in der Fassung ab 1. Januar 2017

§ 64i Entlastungsbetrag bei den Pflegegraden 2, 3, 4 oder 5

Pflegebedürftige der Pflegegrade 2, 3, 4 oder 5 haben Anspruch auf einen Entlastungsbetrag in Höhe von bis zu 125 Euro monatlich. Der Entlastungsbetrag ist zweckgebunden einzusetzen zur

1. Entlastung pflegender Angehöriger oder nahestehender Pflegepersonen,
2. Förderung der Selbständigkeit und Selbstbestimmung der Pflegebedürftigen bei der Gestaltung ihres Alltags oder
3. Inanspruchnahme von Unterstützungsangeboten im Sinne des § 45a des Elften Buches.

2

Gesetzesbegründung zum PSG III (Drs. 18/9518, S. 97)

Pflegebedürftige der Pflegegrade 2, 3, 4 oder 5 haben einen Anspruch auf einen Entlastungsbetrag in Höhe von bis zu 125 Euro monatlich.

Vor dem Hintergrund des neuen Pflegebedürftigkeitsbegriffs wird hier eine über den notwendigen pflegerischen Bedarf hinausgehende, zusätzliche Leistung gewährt; eine Entlastung von Pflegepersonen erfolgt auch bereits durch bestehende Leistungen der Hilfe zur Pflege wie Verhinderungspflege, Kurzzeitpflege und teilstationäre Pflege. Mit der Ausgestaltung als zusätzliche Leistung soll Pflegepersonen jedoch die Möglichkeit eröffnet werden, insbesondere niedrigschwellige Angebote in Anspruch nehmen zu können. Der Betrag ist nach Satz 2 zweckgebunden einzusetzen.

Anders als bei Pflegebedürftigen des Pflegegrades 1 (siehe § 66 SGB XII) ist der Entlastungsbetrag nicht für die Inanspruchnahme von sonstigen Leistungen nach §§ 64b (Häusliche Pflegehilfe) und 64e bis 64g (Wohnumfeldverbessernde Maßnahmen, Andere Leistungen, Teilstationäre Pflege) einsetzbar, weil bereits ohnehin ein Anspruch auf die dort genannten Leistungen besteht.

Gegenüber dem bisherigen Recht unverändert setzen die Leistungen der Hilfe zur Pflege neben einer Pflegebedürftigkeit aufgrund des allgemeinen Nachranggrundsatzes des § 2 SGB XII für Leistungen der Sozialhilfe auch bei Pflegebedürftigen eine finanzielle Bedürftigkeit voraus.

§ 65 SGB XII: Stationäre Pflege

Wortlaut in der Fassung ab 1. Januar 2017

§ 65 Stationäre Pflege

Pflegebedürftige der Pflegegrade 2, 3, 4 oder 5 haben Anspruch auf Pflege in stationären Einrichtungen, wenn häusliche oder teilstationäre Pflege nicht möglich ist oder wegen der Besonderheit des Einzelfalls nicht in Betracht kommt. Der Anspruch auf stationäre Pflege umfasst auch Betreuungsmaßnahmen; § 64b Absatz 2 findet entsprechende Anwendung.

Gesetzesbegründung zum PSG III (Drs. 18/9518, S. 97)

Soweit häusliche oder teilstationäre Pflege nicht möglich oder wegen der Besonderheit des Einzelfalls nicht in Betracht kommt, sind im Rahmen der Hilfe zur Pflege – gegenüber dem geltenden Recht insoweit unverändert – Leistungen der stationären Pflege zu gewähren.

Der Anspruch beinhaltet in Übereinstimmung mit der entsprechenden Vorschrift für die soziale Pflegeversicherung (§ 43 Absatz 2 SGB XI) auch Maßnahmen der medizinischen Behandlungspflege.

Der Anspruch auf stationäre Pflege entspricht insoweit dem Inhalt des Anspruchs auf stationäre Pflege nach § 43 Absatz 1 SGB XI. Der Inhalt der Betreuungsmaßnahmen nach Satz 2 entspricht weitgehend den pflegerischen Betreuungsmaßnahmen in der häuslichen Pflege.

§ 66 SGB XII: Entlastungsbetrag bei Pflegegrad 1

Wortlaut in der Fassung ab 1. Januar 2017

2

§ 66 Entlastungsbetrag bei Pflegegrad 1

Pflegebedürftige des Pflegegrades 1 haben Anspruch auf einen Entlastungsbetrag in Höhe von bis zu 125 Euro monatlich. Der Entlastungsbetrag ist zweckgebunden einzusetzen zur

1. Entlastung pflegender Angehöriger oder nahestehender Pflegepersonen,
2. Förderung der Selbständigkeit und Selbstbestimmung der Pflegebedürftigen bei der Gestaltung ihres Alltags,
3. Inanspruchnahme von
   a) Leistungen der häuslichen Pflegehilfe im Sinne des § 64b,
   b) Maßnahmen zur Verbesserung des Wohnumfeldes nach § 64e,
   c) anderen Leistungen nach § 64f,
   d) Leistungen zur teilstationären Pflege im Sinne des § 64g,
4. Inanspruchnahme von Unterstützungsangeboten im Sinne des § 45a des Elften Buches.

Gesetzesbegründung zum PSG III (Drs. 18/9518, S. 97)

Im Hinblick darauf, dass die Beeinträchtigungen der Selbständigkeit oder der Fähigkeiten im Sinne des § 61a SGB XII bei Personen mit Pflegegrad 1 gering ausgeprägt sind, werden die Leistungen der Hilfe zur Pflege – wie auch im vorrangigen System der sozialen Pflegeversicherung – grundsätzlich für die Pflegegrade 2 bis 5 gewährt (vgl. § 28a SGB XI). Aus pflegewissenschaftlicher Sicht ist ein uneingeschränkter Zugang zu den Leistungen der Hilfe zur Pflege bei Pflegebedürftigen des Pflegegrades 1 nicht angezeigt.

Der Beirat 2009 hatte sich vor diesem Hintergrund erst nach intensiver Diskussion für eine leistungsrechtliche Hinterlegung im Falle des Pflegegrades 1 ausgesprochen.

Das Siebte Kapitel greift diesen Vorschlag insoweit auf, als dem Personenkreis der Pflegebedürftigen mit Pflegegrad 1 ein Entlastungsbetrag in Höhe von bis zu 125 Euro monatlich gewährt wird. Der Entlastungsbetrag soll die Pflegebedürftigen des Pflegegrades 1 befähigen, möglichst lange in ihrer häuslichen Umgebung verbleiben zu können; dementsprechend ist der Entlastungsbetrag im Sinne des Satz 2 Nummer 1 bis 4 zweckgebunden einzusetzen.

Auf diesem Wege wird sichergestellt, dass nichtversicherte Pflegebedürftige die gleichen Leistungen wie Pflegebedürftige erhalten, die Mitglieder der sozialen Pflegeversicherung sind.

§ 66a SGB XII: Sonderregelungen zum Einsatz von Vermögen

Wortlaut in der Fassung ab 1. Januar 2017

§ 66a SGB XII: Sonderregelungen zum Einsatz von Vermögen

Für Personen, die Leistungen nach diesem Kapitel erhalten, gilt ein zusätzlicher Betrag von bis zu 25.000 Euro für die Lebensführung und die Alterssicherung im Sinne von § 90 Absatz 3 Satz 2 als angemessen, sofern dieser Betrag ganz oder überwiegend als Einkommen aus selbständiger und nichtselbständiger Tätigkeit der Leistungsberechtigten während des Leistungsbezugs erworben wird; § 90 Absatz 3 Satz 1 bleibt unberührt.

Gesetzesbegründung zur Einfügung durch das Bundesteilhabegesetz (Drs. 18/9522)

Zusätzlich zum bestehenden § 90 Absatz 3 SGB XII gilt für Personen, die Leistungen der Hilfe zur Pflege erhalten, ein zusätzlicher Vermögensfreibetrag von 25.000 Euro zur Sicherstellung einer angemessenen Lebensführung und einer angemessenen Alterssicherung, wenn dieses Vermögen ganz oder überwiegend als Einkommen aus selbständiger und nichtselbständiger Tätigkeit im Bezug erworben wird. Es wird daher pauschalierend angenommen, dass bei Leistungen nach dem Siebten Kapitel der Einsatz oder die Verwertung eines Vermögens, das aus eigener Erwerbstätigkeit stammt, jedenfalls in Höhe eines Betrages von 25.000 Euro für die Betroffenen und für die unterhaltsberechtigten Angehörigen stets eine Härte im Sinne des § 90 Absatz 3 Satz 1 SGB XII darstellt, so dass es insofern einer Einzelfallprüfung nicht bedarf.

Personen, die Hilfe zur Pflege erhalten, benötigen für gewöhnliche und regelmäßig wiederkehrende Verrichtungen im Ablauf des täglichen Lebens Unterstützung. Sie sind daher in vielen Fällen nicht in der Lage durch eigene Erwerbstätigkeit am gesellschaftlichen Leben teilzunehmen. Mit der Regelung wird daher die Leistung von pflegebedürftige Menschen anerkannt, die trotz ihrer Einschränkung einer Erwerbstätigkeit nachgehen. Die Verwertung von Vermögen, das der Leistungsberechtigte während des Leistungsbezugs durch eigenen Arbeitseinsatz erworben hat, wird bis zu einem Betrag von 25.000 Euro als Härte definiert. Damit wird für die Betroffenen die Möglichkeit geschaffen, während des Leistungsbezugs durch eigenen Arbeitseinsatz erworbenes Einkommen als Vermögen behalten zu dürfen und so für sich selbst eine angemessene Alterssicherung bzw. Lebensführung aufrechterhalten zu können.

Es wird damit ein zusätzlicher Anreiz geschaffen, eine Erwerbstätigkeit aufzunehmen und so dem Teilhabegedanken Rechnung getragen. Vermögen aus anderen Quellen, etwa aus Unterhalt, Rente oder aus vor dem Leistungsbezug erworbenem Vermögen, wird deswegen vom Vermögensfreibetrag grundsätzlich nicht umfasst. Mit der Formulierung „ganz oder teilweise" aus Erwerbseinkommen wird zugleich klargestellt, dass solche Vermögenswerte ausnahmsweise Berücksichtigung im Rahmen des neuen Freibetrags finden können, soweit diesen Vermögenswerten ein jedenfalls übersteigender Betrag aus Erwerbseinkommen gegenübersteht. Dies dient zum einen dazu, unbillige Härten für die Betroffenen im Einzelfall zu vermeiden und zum anderen dazu, die Prüfung hinsichtlich bestehender Vermögenswerte zu vereinfachen.

Der zusätzliche Vermögensfreibetrag ergänzt die bisherige Härtefallregelung des § 90 Absatz 3 SGB XII. Für bisher schon aufgrund dieser Härtefallregelung nicht berücksichtigtes Vermögen, etwa im Hinblick auf bei Erstantragstellung bestehendes Vermögen, bleibt es bei der bisherigen Regelung, die weiterhin Anwendung findet.

Das im Rahmen dessen schon bisher geschützte Vermögen ist nicht auf den pauschalierten Betrag von 25.000 Euro anzurechnen. Die Neuregelung sieht insofern lediglich vor, dass von dem betroffenen Personenkreis zusätzlich zum bisher geltenden Recht nicht verlangt werden kann, Vermögenswerte bis zu einer Höhe von 25.000 Euro einzusetzen, wenn diese durch eigene Arbeit während des Bezugs erworben wurden. Das einmal auf diese Weise erworbene Vermögen bleibt für die Betroffenen auch dann anrechnungsfrei, wenn die Erwerbstätigkeit während des Leistungsbezugs unterbrochen oder beendet wird. Dies gilt jedoch nicht für Personen, die Leistungen nach dem Dritten und Vierten Kapitel erhalten, denn in diesem Fall verbleibt kein Raum mehr, um für die angemessene Lebensführung oder für die Aufrechterhaltung einer angemessenen Alterssicherung von der Verwertung eigenen Vermögens, über die allgemeinen Regelungen des § 90 Absatz 3 Satz 1 SGB XII hinaus, abzusehen. Für solche Personen gelten daher wie für alle Leistungsberechtigten der Hilfe zum Lebensunterhalt und der Grundsicherung die allgemeinen Grundsätze.

Heranziehung von Einkommen und Vermögen bei der Hilfe zur Pflege

Einkommen

Einkommensfreibetrag

Durch das Bundesteilhabegesetz (BTHG) wurden die Regelungen zur Heranziehung von Einkommen und Vermögen im Falle des Bezuges von Leistungen der Eingliederungshilfe und/oder Hilfe zur Pflege zum 1. Januar 2017 in einem ersten Schritt verbessert.

Zum Einkommen zählen in der Sozialhilfe alle Einkünfte in Geld oder Geldeswert (§ 82 Abs. 1 SGB XII). Neben den „üblichen" Absetzbeträgen wie Steuern, Versicherungen usw. (siehe § 82 Abs. 2 SGB XII), ist bei Personen, die Leistungen der Hilfe zur Pflege erhalten, seit 1. Januar 2017 noch folgender Freibetrag zu berücksichtigen:

40 % des Einkommens aus selbständiger und nichtselbständiger Tätigkeit, höchstens jedoch 65 % der Regelbedarfsstufe 1 (= 265,85 Euro).

Geregelt ist dieser neue Freibetrag in § 82 Absatz 3a SGB XII, der durch das BTHG mit Geltung ab 1. Januar 2017 eingefügt wurde:

§ 82 Abs. 3a [Fassung seit 1.1.2017]

(3a) Für Personen, die Leistungen der Hilfe zur Pflege erhalten, ist ein Betrag in Höhe von 40 Prozent des Einkommens aus selbständiger und nichtselbständiger Tätigkeit der Leistungsberechtigten abzusetzen, höchstens jedoch 65 Prozent der Regelbedarfsstufe 1 nach der Anlage zu § 28. Für Personen, die Leistungen der Eingliederungshilfe für behinderte Menschen erhalten, gilt Satz 1 bis zum 31. Dezember 2019 entsprechend.

Die Gesetzesbegründung zum BTHG (Drs. 18/9522) führt dazu aus:

„Leistungsberechtigte Menschen mit Behinderung und pflegebedürftige Menschen sowie solche Personen, die sowohl Leistungen der Eingliederungshilfe als auch der Hilfe zur Pflege in Anspruch nehmen, werden mit dieser Regelung bereits im Vorgriff auf das Inkrafttreten der Neuregelung der Eingliederungshilfe im Bundesteilhabegesetz besser gestellt.

Menschen mit Behinderung und pflegebedürftige Menschen, die in eigener Person die Leistungsvoraussetzungen der Eingliederungshilfe und/oder der Hilfe zur Pflege erfüllen, können zukünftig einen pauschalen Betrag von 40 von Hundert von Ihrem Erwerbseinkommen, begrenzt auf 65 von Hundert der Regelbedarfsstufe 1, absetzen. Dies stellt zum einen für Personen, die bisher einen Einkommensfreibetrag nach § 82 Absatz 3 Satz 1 nicht in Anspruch nehmen konnten, weil sie ausschließlich Hilfe zur Pflege oder Eingliederungshilfe erhielten, eine Verbesserung der Einkommenssituation dar. Zum anderen profitieren durch die gegenüber § 82 Absatz 3 Satz 1 erhöhten Freibeträge auch Personen, die bereits zuvor in den Genuss eines Einkommensfreibetrags kamen, weil sie Leistungen der Hilfe zum Lebensunterhalt oder Grundsicherung im Alter und bei Erwerbsminderung erhielten, von der Neuregelung. Zudem profitieren von dem vorgesehenen Freibetrag nicht nur die Betroffenen, sondern mittelbar auch die Angehörigen nach § 19 Absatz 3 SGB XII, denn bei der Berechnung der Einkommensgrenze nach § 85 SGB XII bleibt das Einkommen des behinderten oder pflegebedürftigen Partners in Höhe des Freilassungsbetrags zukünftig außer Betracht."

Einkommensgrenze

Bei der Hilfe zur Pflege ist der nachfragenden Person und ihrem nicht getrennt lebenden Ehegatten oder Lebenspartner die Aufbringung der Mittel nicht zuzumuten, wenn während der Dauer des Bedarfs ihr monatliches Einkommen zusammen eine Einkommensgrenze nicht übersteigt.

Die Einkommensgrenze ergibt sich

- aus dem Grundbetrag in Höhe des Zweifachen der Regelbedarfsstufe 1 (seit 1.1.2017: 409 Euro): 818 Euro
- plus den Kosten der Unterkunft in angemessenem Umfang, soweit die Aufwendungen hierfür den der Besonderheit des Einzelfalles angemessenen Umfang nicht übersteigen
- plus ggf. dem Familienzuschlag

  a) 70 % der Regelbedarfsstufe 1, aufgerundet auf volle Euro für den nicht getrennt lebenden Ehegatten und jeden weiteren Haushaltsangehörigen (287 Euro). Dieser Familienzuschlag wird auch für jede Person gewährt, die vom Hilfesuchenden oder seinem nicht getrennt lebenden Ehegatten bisher überwiegend unterhalten wurde (§ 85 Abs. 1 SGB XII), oder

b) bei minderjährigen und unverheirateten Hilfesuchenden Familienzuschlag ebenfalls in Höhe von des 70 % der Regelbedarfsstufe 1, aufgerundet auf volle Euro (287 Euro) für einen Elternteil, wenn die Eltern zusammenleben, sowie für den Hilfesuchenden und für jede Person, die von den Eltern oder dem Hilfesuchenden bisher überwiegend unterhalten wurde (§ 85 Abs. 2 SGB XII).

Leben die Eltern nicht zusammen, richtet sich die Einkommensgrenze nach dem Elternteil, bei dem die nachfragende Person lebt. Lebt sie bei keinem Elternteil, bestimmt sich die Einkommensgrenze nach Absatz 1.

Liegt das Einkommen des Hilfesuchenden bzw. das Einkommen der Einkommensgemeinschaft (§ 19 SGB XII) über der Einkommensgrenze, so ist dieses einzusetzen (§ 87 SGB XII).

Für die Anrechnung des zumutbaren Eigenanteils ist dabei nach § 87 Absatz 1 Satz 1 SGB XII neben der Art des Bedarfs und der Dauer und Höhe der erforderlichen Aufwendungen und besonderen Belastungen auch die Art oder Schwere der Pflegebedürftigkeit zu berücksichtigen. Unter bestimmten Voraussetzungen, insbesondere wenn die Hilfe in einer Einrichtung gewährt wird und mit der Gewährung der Hilfe besondere Ersparnisse verbunden sind, kann auch das Einkommen unterhalb der Einkommensgrenze eingesetzt werden (§ 88 SGB XII).

§ 87 Absatz 1 Satz 3 SGB XII stellt in der bisher geltenden Fassung auf Pflegebedürftige der Pflegestufe III ab. Infolge der Umstellung von Pflegestufen auf Pflegegrade ist – korrespondierend mit der Überleitungsregel des § 139 SGB XII – seit 1. Januar 2017 auf Pflegebedürftige der Pflegerade 4 und 5 abzustellen. Für diese Personen gilt wie bisher, dass ihnen ein Einsatz des Einkommens über der Einkommensgrenze in Höhe von mindestens 60 % nicht zuzumuten ist.

Vermögen

Vermögensfreibetrag

Bei der Bedürftigkeitsprüfung sind alle verwertbaren Vermögensgegenstände zu berücksichtigen, die nicht zum Kreis des geschützten Vermögens gehören (§ 90 Absatz 1 SGB XII), es sei denn es handelt sich um geschützes Vermögen (§ 90 Absatz 2 SGB XII). Dazu gehört auch der Schonbetrag nach Ziffer 9 von § 90 Absatz 2 („kleinere Barbeträge oder sonstige Geldwerte").

Dieser Vermögensfreibetrag beträgt derzeit 2.600 Euro (Stand: März 2017), soll aber zum 1. April 2017 auf 5.000 erhöht werden.

Mit der „Zweiten Verordnung zur Änderung der Verordnung zur Durchführung des § 90 Abs. 2 Nr. 9 des Zwölften Buches Sozialgesetzbuch" (zu Drucklegung des Buches im Gesetzgebungsverfahren) soll die Durchführungsverordnung dergestalt geändert werden, dass die Höhe der kleineren Barbeträge oder sonstiger Geldwerte einheitlich für jede volljährige, leistungsberechtigte Person – einschließlich Beziehern von Eingliederungshilfe, Hilfe zur Pflege und Blindenhilfe – sowie für jede sonstige Person, deren Einkommen und Vermögen bei der Gewährung von Sozialhilfe zu berücksichtigen ist bzw. die zu einer sozialhilferechtlichen Einstandsgemeinschaft gehört, insbesondere Ehe- und Lebenspartner, auf jeweils 5.000 Euro je Person festgelegt wird. Eine im Verhältnis entsprechende Anhebung erfolgt auch für den Betrag für Personen, die unterhalten werden, also insbesondere für Kinder von Leistungsberechtigten.

Der Wortlaut von § 1 der Verordnung zur Durchführung des § 90 Abs. 2 Nr. 9 SGB XII wird dazu wie folgt geändert:

§ 1 VO [Fassung voraussichtlich 1. April 2017]

„Kleinere Barbeträge oder sonstige Geldwerte im Sinne des § 90 Absatz 2 Nummer 9 des Zwölften Buches Sozialgesetzbuch sind:

1. für jede in § 19 Absatz 3, § 27 Absatz 1 und 2 und § 41 des Zwölften Buches Sozialgesetzbuch genannte volljährige Person sowie für jede alleinstehende minderjährige Person, 5.000 Euro,
2. für jede Person, die von einer Person nach Nummer 1 überwiegend unterhalten wird, 500 Euro."

In Härtefällen kann diese neue Regelung bereits seit Januar 2017 angewendet werden. Das geht aus einer Mitteilung des Ministeriums für Arbeit und Soziales hervor: „Im Rahmen der bestehenden Härtefallregelungen ist im Vorgriff auf das Inkrafttreten der Neuregelung gerechtfertigt, bestehenden Vorschriften insoweit großzügig auszulegen, dass bereits bei Erstanträgen ab dem 1. Januar 2017 die sich aus der vorgesehenen Anhebung der Schonvermögensgrenzen ergebenden Beträge angewendet werden. Im Einzelfall kann folglich § 90 Abs. 3 Satz 1 SGB XII angewandt werden. Nach diesem Paragrafen ist Vermögen nicht einzusetzen, soweit es für den Betroffenen eine Härte darstellen würde. Der Einsatz eines Barvermögens, das im Zeitraum bis zum Inkrafttreten der Neuregelung (1. April 2017) der Höhe nach zwischen dem bisher geschützten Barvermögen von 2.600 Euro und dem zukünftig zu schützenden Barvermögen von 5000 Euro liegt, dürfte eine Härte i. S. des § 90 Abs. 3 Satz 1 SGB XII darstellen."

Sonderregelung zum Vermögenseinsatz

Durch das BTHG wurde zudem § 66a SGB XII eingefügt, der eine Sonderregelung zum Einsatz von Vermögen bei Bezug von Hilfe zur Pflege vorgibt:

Bei Leistungsberechtigten, die Hilfe zur Pflege beziehen, sind zusätzlich zum Vermögensfreibetrag (ab 1. April 2017: 5.000 Euro) maximal weitere 25.000 Euro geschützt. Erforderlich ist in diesem Fall allerdings, dass der Betrag ganz oder überwiegend als Einkommen aus selbstständiger oder nichtselbstständiger Tätigkeit des Leistungsberechtigten während des Leistungsbezugs erworben wird. Ausführlicher dazu siehe die Erläuterung zu § 66a.

Überleitung, Übergangsvorschriften

§ 137 SGB XII: Überleitung in Pflegegrade 118

§ 138 SGB XII: Übergangsregelung für Pflegebedürftige aus Anlass des Dritten Pflegestärkungsgesetzes 120

§ 137 SGB XII: Überleitung in Pflegegrade

Wortlaut in der Fassung ab 1. Januar 2017

§ 137 Überleitung in Pflegegrade zum 1. Januar 2017

Pflegebedürftige, deren Pflegebedürftigkeit nach den Vorschriften des Siebten Kapitels in der am 31. Dezember 2016 geltenden Fassung festgestellt worden ist und bei denen spätestens am 31. Dezember 2016 die Voraussetzungen auf Leistungen nach den Vorschriften des Siebten Kapitels vorliegen, werden ab dem 1. Januar 2017 ohne erneute Antragstellung und ohne erneute Begutachtung wie folgt in die Pflegegrade übergeleitet:

3

1. Pflegebedürftige mit Pflegestufe I in den Pflegegrad 2,
2. Pflegebedürftige mit Pflegestufe II in den Pflegegrad 3,
3. Pflegebedürftige mit Pflegestufe III in den Pflegegrad 4.

Die Überleitung in die Pflegegrade nach § 140 des Elften Buches ist für den Träger der Sozialhilfe bindend.

Gesetzesbegründung zum PSG III (Drs. 18/9518, S. 99)

Zur Vermeidung von Neubegutachtungen aller Pflegebedürftigen, die am 31. Dezember 2016 Leistungen der Hilfe zur Pflege erhielten, werden die Pflegebedürftigen mit der Einführung des neuen Pflegebedürftigkeitsbegriffs zum 1. Januar 2017 von den bisherigen Pflegestufen in die neuen Pflegegrade übergeleitet. Bisherige Leistungsbezieher sollen dabei gegenüber dem geltenden Recht nicht schlechter gestellt werden. Daher erfolgt die Überleitung grundsätzlich in einen Pflegegrad, mit dem entweder gleich hohe oder höhere Leistungen als bisher verbunden sind.

Die Überleitungsregel ist inhaltsgleich mit der Überleitungsregel des § 140 Absatz 2 Satz 3 Nummer 1 SGB XI in der ab dem 1. Januar 2017 geltenden Fassung. Im Hinblick darauf, dass im Rahmen der Hilfe zur Pflege – im Unterschied zum SGB XI – keine zusätzlichen Leistungen bei einer erheblich eingeschränkten Alltagskompetenz erbracht wurden, besteht keine Notwendigkeit für eine Übergangsregelung entsprechend § 140 Absatz 2 Satz 3 Nummer 2 SGB XI in der ab dem 1. Januar 2017 geltenden Fassung.

Redaktionelle Anmerkung:

Wie dem Satz 2 von § 137 SGB XII zu entnehmen ist, ist die Überleitung in die Pflegegrade, die von der Pflegekasse durchgeführt wurden, für den Sozialhilfeträger bindend. In der Pflegeversicherung versicherte Leistungsempfänger werden damit nach den Regeln des SGB XI übergeleitet (Aufstockerfälle):

- Menschen mit festgestellter erheblich eingeschränkter Alltagskompetenz nach dem früheren § 45a SGB XI sind nach § 140 Abs. 1 Nr. 2 SGB XI in die jeweils höheren Pflegegrade übergeleitet worden (sog. doppelter Stufensprung, siehe dazu auch Kapitel 1).
- Menschen ohne festgestellte erheblich eingeschränkte Alltagskompetenz wurden mit einem einfachen Stufenspung übergleitet.

Personen, deren Pflegebedürftigkeit vor dem Jahreswechsel direkt über den Sozialhilfeträger festgestellt wurde, werden ebenfalls – wie oben im Gesetzeswortlaut dargestellt – mit einem einfachen Stufensprung übergeleitet. Dieser Personenkreis stellt sich mit dieser Überleitung nicht schlechter als bisher, da ihm ohnehin in der Vergangenheit keine zusätzlichen Leistungen wegen eingeschränkter Alltagskompetenz geleistet wurden.

§ 138 SGB XII: Übergangsregelung für Pflegebedürftige aus Anlass des Dritten Pflegestärkungsgesetzes

Wortlaut in der Fassung ab 1. Januar 2017

3

§ 138 SGB XII Übergangsregelung für Pflegebedürftige aus Anlass des Dritten Pflegestärkungsgesetzes

Einer Person, die am 31. Dezember 2016 einen Anspruch auf Leistungen nach dem Siebten Kapitel in der am 31. Dezember 2016 geltenden Fassung hat, sind die ihr am 31. Dezember 2016 zustehenden Leistungen über den 31. Dezember 2016 hinaus bis zum Abschluss des von Amts wegen zu betreibenden Verfahrens zur Ermittlung und Feststellung des Pflegegrades und des notwendigen pflegerischen Bedarfs nach § 63a in der ab dem 1. Januar 2017 geltenden Fassung weiter zu gewähren.

Soweit eine Person zugleich Leistungen nach dem Elften Buch in der ab dem 1. Januar 2017 geltenden Fassung erhält, sind diese anzurechnen. Dies gilt nicht für die Zuschläge nach § 141 Absatz 2 des Elften Buches sowie für den Entlastungsbetrag nach § 45b des Elften Buches.

Ergibt das Verfahren, dass für die Zeit ab dem 1. Januar 2017 die Leistungen für den notwendigen pflegerischen Bedarf, die nach dem Siebten Kapitel in der ab dem 1. Januar 2017 geltenden Fassung zu gewähren sind, geringer sind als die nach Satz 1 gewährten Leistungen, so sind die nach Satz 1 gewährten höheren Leistungen nicht vom Leistungsbezieher zu erstatten; § 45 des Zehnten Buches bleibt unberührt.

Ergibt das Verfahren, dass für die Zeit ab dem 1. Januar 2017 die Leistungen für den notwendigen pflegerischen Bedarf, die nach dem Siebten Kapitel in der ab dem 1. Januar 2017 geltenden Fassung zu gewähren sind, höher sind als die nach Satz 1 gewährten Leistungen, so sind die Leistungen rückwirkend nach den Vorschriften des Siebten Kapitels in der ab dem 1. Januar 2017 geltenden Fassung zu gewähren.

Gesetzesbegründung zum PSG III (Drs. 18/9518, S. 99)

Die Träger der Sozialhilfe *haben* mit Inkrafttreten des neuen Pflegebedürftigkeitsbegriffs den notwendigen pflegerischen Bedarf an Leistungen nach dem Siebten Kapitel zu ermitteln und festzustellen (*red. Anm.: und zwar sowohl im häuslichen als auch stationären Bereich*).

Mit der Übergangsregelung wird sichergestellt, dass in den Fällen, in denen bei Inkrafttreten des neuen Pflegebedürftigkeitsbegriffs zum 1. Januar 2017 die Ermittlung und die Feststellung des Pflegegrads und des notwendigen pflegerischen Bedarfs noch nicht abgeschlossen sind, die bisherigen Leistungen, die auf der Grundlage des bis zum 31. Dezember 2016 geltenden Rechts erbracht worden sind, vorläufig weiter zu gewähren sind. Mit der Ergänzung wird insbesondere vermieden, dass Pflegebedürftige – insbesondere der sogenannten Pflegestufe 0 in stationären Pflegeeinrichtungen – vorübergehend keine Leistungen erhalten.

Der Anspruch auf Weitergewährung ist bis zum Abschluss des Verfahrens befristet.

Die weitergewährten Leistungen sind auch in den Fällen, in denen im Nachhinein ein geringerer notwendiger pflegerischer Bedarf festgestellt wird, vom Pflegebedürftigen nicht zurückzufordern.

Ergibt die Ermittlung und Feststellung des notwendigen pflegerischen Bedarfs einen Anspruch auf höhere Leistungen, sind diese rückwirkend zu gewähren.

Soweit Pflegebedürftige in den Fällen des Satzes 1 zugleich Leistungen nach dem Elften Buch in der ab dem 1. Januar 2017 geltenden Fassung erhalten, sind diese anzurechnen. Dies gilt nicht für den Zuschlag auf den Entlastungsbetrag, den Pflegebedürftige im Rahmen des Besitzstandsschutzes auf den erhöhten Betrag im Sinne des § 45b des Elften Buches in der bis zum 31. Dezember 2016 geltenden Fassung erhalten, und für den Entlastungsbetrag selbst.

§ 141 Absatz 2 SGB XI und § 45b Absatz 3 SGB XI (Regelungen zur Frage der Anrechenbarkeit dieses Zuschlages sowie des Entlastungsbetrages) finden dazu Anwendung. Hier im Folgenden die Gesetzespassagen und die dazugehörige Gesetzesbegründung.

§ 45b Absatz 3 SGB XI

(3) Der Entlastungsbetrag nach Absatz 1 Satz 1 findet bei den Fürsorgeleistungen zur Pflege nach § 13 Absatz 3 Satz 1 keine Berücksichtigung. § 63b Absatz 1 des Zwölften Buches findet auf den Entlastungsbetrag keine Anwendung. Abweichend von den Sätzen 1 und 2 darf der Entlastungsbetrag hinsichtlich der Leistungen nach § 64i oder § 66 des Zwölften Buches bei der Hilfe zur Pflege Berücksichtigung finden, soweit nach diesen Vorschriften Leistungen zu gewähren sind, deren Inhalte den Leistungen nach Absatz 1 Satz 3 entsprechen.

Die Einfügung von Absatz 3 wird in der Gesetzesbegründung zum PSG III wie folgt erläutert:

„Der neue Absatz 3 Satz 1 regelt die Nichtberücksichtigung des Entlastungsbetrags in anderen Leistungssystemen.

In Satz 2 wird zudem ausdrücklich bestimmt, dass § 63b Absatz 1 Satz 3 SGB XII, nach dem grundsätzlich Leistungen der Hilfe zur Pflege nicht erbracht werden, soweit Pflegebedürftige gleichartige Leistungen nach anderen Rechtsvorschriften erhalten, auf den Entlastungsbetrag nach § 45b SGB XI keine Anwendung findet. Mit dieser Regelung wird unter anderem sichergestellt, dass der als separater Betrag ausgewiesene Entlastungsbetrag auch bei entsprechenden Empfängern von Fürsorgeleistungen weiterhin insbesondere für die Entlastung von Pflegepersonen in vollem Umfang tatsächlich zur Verfügung steht, so dass die entsprechende Intention des Expertenbeirats zur konkreten Ausgestaltung des neuen Pflegebedürftigkeitsbegriffs auch in diesen Fällen Wirksamkeit entfaltet.

Eine Ausnahme hiervon bilden die Leistungsansprüche nach den §§ 64i und 66 SGB XII (Entlastungsbetrag bei Pflegegrad 1 und bei den Pflegegraden 2 bis 5), soweit in diesen Anspruchsnormen der Hilfe zur Pflege Leistungen vorgesehen sind, die inhaltlich den Leistungen nach Absatz 1 Satz 3 deckungsgleich entsprechen. Hinsichtlich dieser Leistungen der Hilfe zur Pflege darf der Entlastungsbetrag nach Absatz 1 Satz 1 insoweit Berücksichtigung finden und insoweit findet auch § 63b Absatz 1 Satz 3 SGB XII Anwendung."

§ 141 Absatz 2 SGB XI

(2) Versicherte,

1. die am 31. Dezember 2016 einen Anspruch auf den erhöhten Betrag nach § 45b Absatz 1 in der am 31. Dezember 2016 geltenden Fassung haben und
2. deren Höchstleistungsansprüche, die ihnen nach den §§ 36, 37 und 41 unter Berücksichtigung des § 140 Absatz 2 und 3 ab dem 1. Januar 2017 zustehen, nicht um jeweils mindestens 83 Euro monatlich höher sind als die entsprechenden Höchstleistungsansprüche, die ihnen nach den §§ 36, 37 und 41 unter Berücksichtigung des § 123 in der am 31. Dezember 2016 geltenden Fassung am 31. Dezember 2016 zustanden,

haben ab dem 1. Januar 2017 Anspruch auf einen Zuschlag auf den Entlastungsbetrag nach § 45b in der ab dem 1. Januar 2017 jeweils geltenden Fassung. Die Höhe des monatlichen Zuschlags ergibt sich aus der Differenz zwischen 208 Euro und dem Leistungsbetrag, der in § 45b Absatz 1 Satz 1 in der ab dem 1. Januar 2017 jeweils geltenden Fassung festgelegt ist. Das Bestehen eines Anspruchs auf diesen Zuschlag ist den Versicherten schriftlich mitzuteilen und zu erläutern. **Für den Zuschlag auf den Entlastungsbetrag gilt § 45b Absatz 3 entsprechend. Bei Versicherten, die keinen Anspruch auf einen Zuschlag haben und deren Ansprüche nach § 45b zum 1. Januar 2017 von 208 Euro auf 125 Euro monatlich abgesenkt werden, sind zur Sicherstellung des Besitzstandsschutzes monatlich Leistungen der Pflegeversicherung in Höhe von bis zu 83 Euro nicht auf Fürsorgeleistungen zur Pflege anzurechnen.**

Die Einfügung des Satzes 4 und 5 durch das PSG III wird wie folgt begründet:

Der neue Satz 4 des § 141 Absatz 2 SGB XI erweitert den Besitzstandsschutz für Bezieher von Hilfe zur Pflege nach dem SGB XII, denen bisher ein Betreuungs- und Entlastungsbetrag in Höhe von 208 Euro zustand.

Die Absenkung des Betreuungs- und Entlastungsbetrages nach § 45b SGB XI zum 1. Januar 2017 von 208 Euro auf 125 Euro wird in der Regel durch entsprechend höhere sonstige Leistungen der Pflegeversicherung, die sich durch den doppelten Stufensprung ergeben, kompensiert. Insoweit bedarf es grundsätzlich keines Besitzstandsschutzes. Ist dies ausnahmsweise nicht der Fall, sieht § 141 Absatz 2 Satz 1 und 2 SGB XI bereits eine Besitzstandsregelung vor, die durch den Zuschlag dafür sorgt, dass die Versicherten keine Absenkung an Leistungen erleiden. Dieser Zuschlag stockt den neuen Betreuungs- und Entlastungsbetrag von 125 Euro auf die Höhe des bisherigen erhöhten Betreuungs- und Entlastungsbetrages von 208 Euro auf und wird anrechnungsfrei gestellt. § 141 Absatz 2 Satz 5 SGB XI erweitert diesen Besitzstandsschutz für Bezieher von Hilfe zur Pflege nach dem SGB XII, die keinen Zuschlag erhalten.

Bei Beziehern von Hilfe zur Pflege nach dem SGB XII führen Erhöhungen der Leistungen nach den §§ 36 bis 43 SGB XI nämlich nicht automatisch dazu, dass sie tatsächlich höhere Leistungen zur Verfügung haben, vielmehr führen Leistungserhöhungen hier dazu, dass die Hilfe zur Pflege nach dem SGB XII entsprechend weniger leisten bzw. weniger aufstocken muss, weil die subsidiäre Sozialhilfe grundsätzlich die Leistungen der Pflegeversicherung auf ihre Leistungspflicht anrechnen darf. Durch die Ergänzung soll auch in diesen Konstellationen sichergestellt werden, dass der sonst geltende Besitzstandsschutz bei Kürzung des Betreuungs- und Entlastungsbetrages nicht durch eine entsprechend erhöhte Anrechnung durch die Sozialhilfe unterlaufen wird. Daher stellt die Regelung sicher, dass ein Betrag in Höhe von bis zu 83 Euro anrechnungsfrei bleibt. Dies hat die Wirkung, dass Betreuungs- und Entlastungsleistungen im selben Umfang wie bisher anrechnungsfrei bezogen werden können. Der Besitzstandsschutz richtet sich nach der Höhe des für bislang tatsächlich bezogene Betreuungs- und Entlastungsleistungen anrechnungsfrei gestellten Betrages.

Die Leistungserhöhungen nach dem SGB XI sollen also bei Beziehern von ergänzender Hilfe zur Pflege nach dem SGB XII im Ergebnis nicht in vollem Umfang der Sozialhilfe zugutekommen, sondern den Versicherten verbleiben, um eine faktische Absenkung des Leistungsniveaus zu vermeiden.

Stichwortverzeichnis

Aktivierung 62, 85
Alltagsleben, Gestaltung 40, 48, 85, 103, 106
Altenhilfe 65
Alterssicherung 108
Ambulant betreute Wohngruppen 61, 63, 88
Ambulant vor stationär, Grundsatz 80
Andere Leistungen 60, 95
Angebote zur Entlastung von Pflegenden 87
Angehörigenhilfe 80
Anschlussversorgungsleistungen 100
Arbeitgebermodell 20, 74, 95
Arztbesuche 40
Aufstockerfälle 37, 119

Barbeträge 114
Bedarfsdeckungsprinzip 70
Bedarfsfeststellung 59
Bedürftigkeit 105
Bedürftigkeit, finanzielle 34
Beeinträchtigung der Selbständigkeit oder Fähigkeiten 13
Begutachtungsinstrument 12, 56
Begutachtungs-Richtlinien 49, 56
Behinderung, Definition 23
Beratung 64
Beratung, Pflegeperson 78
Beratungseinsatz 83
Beratungsleistungen 20
Berechnung des Pflegegrades 13
Besitzstandsschutz 123
Bestandsschutz 16
Betreuungsangebote 86
Betreuungsleistungen 21, 62
Betreuungsmaßnahmen 19, 86, 105
Betreuungs- und Entlastungsleistungen 85
Betreuung und Aktivierung 61
Bindungswirkung 18, 57
Bundesteilhabegesetz 10, 22, 66, 108, 111

Demenz 45
Doppelbegutachtung 18
Doppelter Stufensprung 15, 22, 119, 123

Eigenanteil, zumutbarer 113
Eingeschränkte Alltagskompetenz 15, 21, 87, 118
Eingliederungshilfe 19, 22, 26, 29, 75, 86
Einkommen 111
Einkommensanrechnung 27, 37
Einkommensfreibetrag 111
Einkommensgemeinschaft 113
Einkommensgrenze 112
Einrichtungen der Hilfe für behinderte Menschen 101
Einstandsgemeinschaft 114
Einstufungsergebnis, Bindungswirkung 58
Entlastungsbetrag 20, 60, 71, 76, 87, 103, 106
Entlastungsbetrag, SGB XI 121
Ergänzendes System, Hilfe zur Pflege 37
Ersatzpflege 60, 90
Erwerbstätigkeit 108

Fortbewegung 44

4

Gebrauchsunfähigkeit, Arme und Beine 53
Geldleistung ambulant, SGB XI 16
Geldwerte 114
Gestaltung des Alltagslebens 40, 48, 85, 103, 106
Gewichtung 14
Gleichrang, Eingliederungshilfe und Hilfe zur Pflege 75

Härtefallregelung 108, 115
Haushaltsführung, Hilfen zur 19
Haushaltshilfe 100
Häusliche Pflegehilfe 19, 60, 71, 85
Häusliche Pflege, Vorrang 60, 80, 98
Hauswirtschaftliche Tätigkeiten 46
Herabstufung 59
Heranziehung von Einkommen und Vermögen 111
Hilfen bei der Haushaltsführung 85
Hilfe zur Weiterführung des Haushalts 65, 81, 96
Hilfsmittelversorgung 92
Hoher Pflegebedarf 77
Höherstufungsantrag 58
Hospizversorgung 63

Kinder, Pflegegrade 54
Kognitive und kommunikative Fähigkeiten 38, 45
Körperbezogene Pflegemaßnahmen 19, 85
Kosten für Unterkunft und Verpflegung 37
Kostenübernahme, Verhinderungspflege 90
Krankheits- oder therapiebedingten Anforderungen 39, 47
Kriterien 44
Kurzzeitpflege 20, 60, 99

Lageveränderung des Körpers 44
Lähmungen 53
Lebensbereiche, pflegegradrelevante 13, 44
Lebensführung, angemessene 108
Leistungen des SGB XI 16
Leistungsausweitungen 19
Leistungsberechtigte, Hilfe zur Pflege 21, 34
Leistungsbescheid der Pflegekasse 58
Leistungsbetrag stationär, SGB XI 16
Leistungskatalog, Hilfe zur Pflege 18, 60
Leistungskonkurrenz 74
Leistungspflicht, Wegfall 85

Maßnahmen zur Verbesserung des Wohnumfeldes 20, 60, 94
Medikation 40, 47
Menschen mit Behinderung 24, 76, 101
Mobilität 38, 44
Module 13, 44

Nachbarschaftshilfe 80
Nachrangprinzip 20, 62, 77, 92
Nachtpflege 20, 98
Neues Begutachtungsassessment 12
Niedrigschwellige Angebote 20, 103
Notwendiger pflegerischer Bedarf 70

Palliativversorgung 64
Persönliches Budget 60
Pflegebedürftige, mehrere 88
Pflegebedürftigkeit, kurzfristige 36
Pflegebedürftigkeitsbegriff, SGB XI 11, 25
Pflegebedürftigkeitsbegriff, SGB XII 17, 26, 38
Pflegefachliche Anleitung 85
Pflegegeld 60, 71, 80, 82
Pflegegeldkürzung 78, 82
Pflegegrad 14
Pflegegrad 1 20, 21, 51, 60
Pflegegrad 1, Entlastungsbetrag 106
Pflegegrad 1, Leistungen 64
Pflegegrad, Bindungswirkung 57
Pflegegrade 50
Pflegegrade 2 bis 5, Leistungen 62
Pflegegrade bei Kindern 54
Pflegegradermittlung 13, 18, 56
Pflegehilfsmittel 20, 60, 92
Pflegende Angehörige, Entlastung 103, 106
Pflegeperson, Anleitung 85
Pflegeperson, Aufwendungen zur sozialen Sicherung 20
Pflegeperson, Beiträge zur Alterssicherung 95
Pflegeperson, Beratung 78, 95
Pflegeperson, Honorierung 83
Pflegeperson, Reha-Maßnahme 99
Pflegeperson, Verhinderung 90
Pflegerische Betreuungsmaßnahmen 19, 85
Pflegesachleistung 85
Pflegestärkungsgesetz II 10
Pflegestärkungsgesetz III 10
Pflegeversicherung, keine 34
Poolen von Leistungen 88
Private Pflegeversicherungen 58
Psychische Problemlagen 38, 45

Rehabilitations- und Teilhaberecht 24
Rückwirkende Gewährung 121

Sachleistung ambulant, SGB XI 16
Sachverständiger, MDK 59
Schnittstellen zu anderen Sozialleistungssystemen 17
Schonvermögensgrenzen 115
Selbständigkeit, Definition 11
Selbstversorgung 39, 46
Soziale Kontakte 40, 48, 85
Stationäre Pflege 60, 105
Sterbebegleitung 60
Struktur, Hilfe zur Pflege 18
Stufensprung 15, 22

Tagespflege 20, 98
Technische Hilfsmittel 93
Teilhabeplanverfahren 24
Teilleistungssystem, Pflegeversicherung 36
Teilstationäre Pflege 20, 60, 98

Übergangspflege 100
Übergangsregelung 120
Überleitung in Pflegegrade, SGB XI 15
Überleitung in Pflegegrade, SGB XII 22, 118
Unterkunft 37
Unterstützungsangebote 85, 103, 106

Verhaltensweisen 38, 45
Verhinderungspflege 19, 60, 78, 90

Vermögenseinsatz, Sonderregelung 108
Vermögensfreibetrag 108, 114
Vermögensfreigrenzen 26
Verpflegung 37
Verwaltungsakt der Pflegekassen 57
Vollstationäre Pflege 60
Vollstationäre Pflege 105
Vorpflegezeit 91
Vorrang ambulanter Leistungen 81
Vorrang häuslicher Pflege 80

Wachkoma 53
Wiederholungsbegutachtung 59
Wirtschaftlichkeitsprinzip 20
Wohngruppen, ambulant betreute 61, 63, 88
Wohngruppenzuschlag 61
Wohnumfeldverbessernde Maßnahmen 20, 60, 94
Wunsch- und Wahlrecht 62

Zeitaufwand 70
Zusätzliche Betreuung 62

4